读客文化

time smart

How to RECLAIM YOUR TIME & LIVE A HAPPIER LIFE

时间不是挤出来的，是安排出来的

Ashley Whillans

［美］阿什莉·惠兰斯　著

靳婷婷　译

北京日报出版社

图书在版编目（CIP）数据

时间不是挤出来的，是安排出来的/（美）阿什莉·惠兰斯著；靳婷婷译. -- 北京：北京日报出版社，2022.5
ISBN 978-7-5477-4176-4

Ⅰ.①时… Ⅱ.①阿…②靳… Ⅲ.①时间 - 管理 - 通俗读物 Ⅳ.① C935-49

中国版本图书馆 CIP 数据核字（2021）第 255998 号

Original work copyright © 2020 Harvard Business School Publishing Corporation
Published by arrangement with Harvard Business Review Press
Unauthorized duplication or distribution of this work constitutes copyright infringement.

中文版权：© 2021 读客文化股份有限公司
经授权，读客文化股份有限公司拥有本书的中文（简体）版权
图字：01-2021-7347号

时间不是挤出来的，是安排出来的

作　　者：	［美］阿什莉·惠兰斯
译　　者：	靳婷婷
责任编辑：	王　莹
特邀编辑：	贾育楠
封面设计：	吴　琪
出版发行：	北京日报出版社
地　　址：	北京市东城区东单三条8-16号东方广场东配楼四层
邮　　编：	100005
电　　话：	发行部：（010）65255876
	总编室：（010）65252135
印　　刷：	河北中科印刷科技发展有限公司
经　　销：	各地新华书店
版　　次：	2022年5月第1版
	2022年5月第1次印刷
开　　本：	880毫米×1230毫米　1/32
印　　张：	8.75
字　　数：	158千字
定　　价：	59.00元

版权所有，侵权必究，未经许可，不得转载
凡印刷、装订错误，可调换，联系电话：010-87681002

献给我的伴侣、我的家人以及我的朋友,是你们教我认识到了时间的真正价值。

目 录

序　言　时间富裕的艺术与科学　　1
日常生活中的时间和金钱　　5
本书结构　　10
你是泰勒还是摩根　　12

第一章　时间陷阱及时间匮乏　　19
真有那么严重吗　　22
我们为何是时间的穷人　　23
时间陷阱1：科技　　25
时间陷阱2：金钱至上　　30
时间陷阱3：对时间价值的低估　　32
时间陷阱4：把忙碌当作常态　　35
时间陷阱5：对无所事事的厌恶　　39
时间陷阱6："好的……糟糕！"效应　　40
规避时间陷阱　　42

工具箱：认清并避免你个人的时间陷阱　　45

第二章　如何发掘时间和购买时间　51

第一步：了解自己的默认设置　54
第二步：记录你的时间　56
第三步：发掘时间　58
第四步：购买时间　65
第五步：重新定义时间　73
衡量时间的价值　76
一种全新的衡量单位：幸福币　79

**工具箱：跟踪记录你利用时间的方式，
　　　　 发掘更多时间**　90

第三章　时间富裕习惯　101

在日常生活中将时间排在优先位置　105
策略一：认清你的原因　106
策略二：留出（或安排）空闲时间　111
策略三：熟悉自己的日程计划思维方式　113
策略四：明确意图　117
策略五：实施奖罚　118
策略六：设定默认模式　121
策略七：识别并对抗纯粹紧急效应　124
策略八：悠然享受闲暇时光　128
持之以恒　130

工具箱：设立意图和计划并贯彻到底　133

第四章　从长计议　　　　　　　　　　141

职业选择　　　　　　　　　　144
选择居住地　　　　　　　　　148
为时间做规划　　　　　　　　152
利用多样性　　　　　　　　　152
学会说"不"　　　　　　　　　154
别用时间当借口　　　　　　　157
争取更多时间　　　　　　　　158
评估机会成本　　　　　　　　161
根本原因　　　　　　　　　　162

**工具箱：提前做好计划，将时间纳入考虑范围，
重新认识成本和收益　　　　　167**

第五章　系统改革　　　　　　　　　　175

职场规则　　　　　　　　　　179
公共策略　　　　　　　　　　193

结　语　未来时间　　　　　　　　　　205

附　录　常见问题　　　　　　　　　　213

时间与金钱之间的选择，真的是个人能够决定的吗　　215

我的居住地是否决定了时间的幸福价值	217
你为什么不能直接告诉我们该怎么做	218
时间富裕清单	219
致　谢	221
作者简介	227
参考文献	228

序言
Introduction

时间富裕的艺术与科学
The Art and Science of Being Time Smart

序 言 时间富裕的艺术与科学

时间和金钱。二者有许多共同点:它们都可以衡量,且都是稀缺资源。二者都是我们绝大多数人称为所能拥有的最有价值的东西。我们渴望更多的时间和更多的金钱,也甘愿为此付出努力。

但在青年时,我们很快就认识到,尽管时间和金钱有许多相似之处,但二者是相互对立的,在我们余下的职业生涯中,情况似乎一直如此。想要尽可能多地获取时间和金钱,并不容易做到。绝大多数情况下,我们都是在二者之间做出选择和权衡。"有钱就无闲,有闲就没钱",这句话似乎真的言之有物。我们一次又一次地发现自己在时间和金钱之间做取舍。是自己做饭,还是出去吃?是上班,还是去度假?是多找一份工作,还是多花点时间陪孩子?

我在攻读博士学位的时候,对人们在时间和金钱上的取舍产生了浓厚的兴趣,其中一部分原因,是因为博士生的生活本身就是一个有意的选择,用金钱换取时间、在经济回报寥寥无几的条件下花费数年成为新思想领域的专家。为了满足自己的好奇心,我对全世界数千名职场人士做了采访调查——从丹麦的百万富翁,到美国、东非和印度拮据度日的人们以及单身母亲,调查的主题便是这两种平淡无奇又具有普世价值的资源:时间和金钱。

这些关于时间和金钱的决定虽然举足轻重,但在做出决定的当下却显得如此微不足道,这种断层,便是受访者的回答中最让我吃惊的。这些取舍让人感觉如此枯燥或浅显,我们往往意识不到自己在做抉择。在我的研究和生活(因为一旦开始注意这个话题,它便会如影随形,成为你审视他人及其抉择的滤镜)中,我一次又一次地听到人们在取舍时间和金钱时发生的故事。这些故事让我们看到,这些取舍会悄然出现在我们的生活中,而任何具体的选择——无论是选择何种职业这样的重大决定,还是诸如要不要把最后两天假期用掉的小决定——都给人微不足道且易于补救的错觉。然而,事实并非如此。所有这些决定,都对我们从每时每刻、每天每月以及一生一世中获得的幸福有着巨大的影响。

这些决定对你、我都有影响——而不仅仅是经济条件优渥之人。倘若非说有什么区别的话,那就是,如果对自己的金钱和时间决策进行严格审视,那些财力较弱的人反倒能收获更多的时间。我在这本书中所探讨的一些事例涉及专业人士和富人阶层——包括百万富翁,但其他事例体现的,却是发展中国家艰难度日的单身母亲们所要面对的取舍。我也会分享几则企业帮助各种各样的群体有效应对时间与金钱取舍的故事——从硅谷公司为计算机工程师提供房屋清扫服务,到一家初创公司如

序 言 时间富裕的艺术与科学

何通过改善通勤条件来帮助最贫困的美国公民节省时间。在我的研究中，从首席执行官到学生，再到职场父母在内的几乎所有人，都面临着时间和金钱的取舍问题，并能在取舍的当下做出更好的抉择。

日常生活中的时间和金钱

研究中遇到的几个能够代表时间和金钱抉择的典型故事，给我留下了深刻的印象。

妮可是一家大型信用卡公司新上任的经理。她的丈夫托马斯是一位公务繁忙的公司副总裁。两个人很少待在同一个城市，好几年没能一起度假了。一天，托马斯收到了一个意外的惊喜：承蒙一位慷慨客户的好意，他有机会将出差时间延长一周，尽情游览瑞士的阿尔卑斯山，且一切费用全免。这是一个毕生难得的机遇。托马斯恳求他的妻子："妮可，求你过来吧，只不过几天而已。"妮可叹了口气，说："不行呀。我有一个重要的会议，不能错过。"于是，托马斯便与妹妹莉娅共享滑雪之乐，度过了一段兄妹俩眼中"最美好的旅行时光"。

"五年过去了，他们俩还在拿那段该死的旅行说事，"妮可告诉我说，"而且每次说到这件事，托马斯都会问我：'妮可，你那次会议的主题是什么来着？'他还总是自己接话说：'老实说,我都记不得了。真有那么重要吗,真的吗?'"

后来,妮可承认她当时还有没用完的假期,而且那场会议也是可开可不开的。她的团队少了她也能应付。但在当时,这场会议对她来说显得如此重要,她就是觉得自己应该出席。托马斯和莉娅创造了能够持续一生的回忆,而妮可那"重要的"工作任务已成过眼云烟。

在我最近进行的一次对印度农村的实地考察中,十五岁的乌莎向我解释了她每天必须做的决定:要么花时间(用顶在头上的又大又沉的水瓮)取水和运水,以供家用;要么去上学。"我必须从水井和池塘里汲水,这每天都要花上几个小时,搞得我没空上学。我想当老师,但这些让我没空学习的家务,把我的梦想都给扼杀了。如果得不到帮助,我只能过上充满未知的黑暗和愚昧的贫苦生活。"虽然我们大多数人的生活都与乌莎大不相同,但我采访过的许多有工作的父母,也在维系家庭、工作更长的时间还是回学校念书的问题上感受到了类似的压力。社会需要为世界各地和乌莎一样的人提供帮助,让他们感觉自己拥有选择学校而非家务的时间和保障。

另一个总是萦绕在我心头的故事的主人公,是一位名叫爱丽丝的第一代大学生。她自食其力地付完了大学学费,从研究助理开始,一路完成博士学业。毕业后,她幸运地拿到了两份可以算是理想工作的机会。第一份工作能给予她合理的工时、社会资源以及意义和价值。她可以住在老家,享受朋友和家人的陪伴。她赚不到很多钱,但却可以通过效力地方政府为社区贡献自己的技能。第二份工作提供给她的是金钱和名望,需要她搬到所在国家另一边的新城市。爱丽丝在小城镇长大,是位邮差的女儿,而这份工作给爱丽丝带来的机遇,多到超乎她的想象。

她几乎毫不犹豫地选择了第二份工作。在当时,这似乎是个想都不用想的选择。爱丽丝和她八年的伴侣保罗还没有孩子。这将是一次一生难遇的冒险,而现在的努力工作会在日后带来丰富的机遇。没想到的是两人安顿下来之后保罗却过得很痛苦。爱丽丝经常旅行,而保罗却没有聊以慰藉的工作和朋友。三个月后,他搬回了老家,两个人也从此分道扬镳。爱丽丝虽然悲不自胜,但无奈有合约在身。她所能做的,就是继续工作。

那年晚些时候,爱丽丝在国外工作时,最要好的闺密诞下了第一个孩子。之后,爱丽丝的一位表亲去世了。葬礼与一次出差的时间起了冲突。爱丽丝告诉自己的话与许多人在为工作和金钱牺牲时间时告诉自己的一样:"没关系的。我现在这样做,是为了以后有更多的时间去享乐,我可以等到那时再做弥补。"

这种逻辑看似合理,前提是明天真的会到来。对于亚当和卡莉来说,事情就并非如此。两人都是三十多岁,在俄勒冈过着健康、快乐而充实的日子。亚当是位教师,卡莉马上就要从研究生院毕业。到了周末，两人会选择远足，做好接下来一周的饭菜。亚当正在为他人生第一次马拉松做准备，而卡莉则刚刚开始接触户外攀岩。两人同住在一间公寓里，收养了一只小狗，并开始为婚礼（还有孩子！）攒钱。两个人都是如此匆忙——忙到根本没有时间踏上那段他们早已计划妥当却总是推迟到明年的梦想公路之旅。

就在卡莉马上要毕业时，亚当却因痉挛和发烧被送进了急诊室。这场病看着像是阑尾炎。而亚当和卡莉却万万没有想到，亚当竟被查出患有晚期胰腺癌，只剩下三个月的生命。在不到24小时的时间里，亚当和卡莉结了婚。卡莉暂停了学业，他们利用亚当化疗的间歇开始了一段横跨太平洋西北地区的公路旅行兼蜜月假期。在两人的众筹平台（GoFundMe）主页上，卡莉写道："我们本以为来日方长，一切都不迟。"

无论年龄、教育或收入几何，我们都面对着同样的现实：没有人知道我们还剩下多少时日。总有一天，时间流逝殆尽，明天永不再来。这是我在研究时间和金钱问题时的一个最重要的发现：我们不能充分理解，时间是我们最宝贵的资源，也是一种有限的资源。追逐金钱有一定的价值，但这场赛跑是没有尽头的，你总想力争得到更多，研究表明，无论已经拥有多少财产，人们仍会追求更多。鉴于时间的宝贵，我们本应将它放在第一位。但我们中的许多人都将重点放在了事业上，不断牺牲更多的时间，换取更多的金钱或更高的效率。

这么做，是我们的习惯使然。工业革命以来，我们就学会了用金钱衡量时间的价值。我们被直白地告知，金钱是我们最为宝贵的资源：时间就是金钱。我们用给予我们快乐的东西去换得经济上的富足，不惜付出巨大的代价。和爱丽丝一样，许多二十多岁的年轻人都会白白牺牲自己的韶华，以为到了未来再腾出时间享乐也不晚。这一点我深有体会。如果各位还没反应过来的话，爱丽丝就是我本人。

与此同时，那些三四十岁的人却在追逐着拥有完美的孩子和事业的理想，将个人与婚姻的幸福推迟到了退休。那场洗涤心灵的阿尔卑斯之旅，放到年纪稍长、生活更稳定的时候再赴也不迟。

就这样，五十、六十、七十岁的人们继续埋首工作，年复一年地将人生目标和愿望清单里的事项往"明年"推——到头来却跟我朋友的父亲一样，光阴耗尽，只落得与没有用过的机票一起在棺中长眠。

这听起来沉重，而事实也的确如此。我的研究表明，代价真的有这么惨痛。人们往往过于注重工作和赚钱，对拥有更多和更高质量的时间却不甚关心。绝大多数人都没能像珍视金钱一样珍视时间，我自己也是其中的一员。这种对于金钱的关注，对许多群体普遍面临的压力、不快及孤独都起到了加剧作用，也让我们在金钱和其他领域付出了沉重的代价。研究人员一致将这种现象称为时间匮乏，这是一种长期存在的现象。

本书结构

在这本书中,你将会不断权衡时间和金钱之间的利弊,并认识到你所做的许多决定都考虑欠佳。我们很容易在时间上做出不当的选择,且更容易低估将金钱放在第一位所造成的长期成本。正如体育数据分析改变了运动团队的构建方式一样,能够揭露时间与金钱决策之缺陷的分析,加上些许对于我们心理和行为偏见背后驱动因素的理解,将会帮我们重塑生活方式的选择。

这并不是说,这些选择总是简单易行或显而易见的。我在研究中已经清楚地看到,在时间和金钱的选择上,没有哪种方法是唯一正确的。比如说,我无法判断妮可做出了正确的决定,我只是根据数据知道,在一般情况下,如果做出不同选择,她会更加快乐。我们每个人都在各自的人生中想要得到不同的东西,在生命的不同节点,想得到的也有所不同。最好的选择并无定式。而社会也会阻碍像乌莎这样的一部分人做出更好的选择。在这种问题上,政策决策者们必须更好地认识到时间的价值。

然而我们知道,身处各个经济阶层和文化背景的许多人都没能做出最佳选择。我们的健康和幸福,完全取决于扭转"时间就是金钱"这种几乎与生俱来的理念。事实恰恰相反,"金钱就是时间"才是正解。而这本书,将帮助你把这个真理融入生活之中。

我们会从第一章"时间陷阱及时间匮乏"开始,深入研究

序　言　时间富裕的艺术与科学

时间匮乏可能对或贫困或富裕的任何人造成的巨大危害。[1] 就像你在面对一年花销款项时的反应一样,时间匮乏带来的代价或许会让你大惊失色。你可能会想:我怎么在咖啡和外出就餐、外卖等事情上花了这么多钱?!而不同于这些账款的是,你将会看到的还有时间匮乏所带来的或大(使你压力激增)或小(让你不再那么笑口常开)的惊人影响。

第二章"如何发掘时间和购买时间"所探讨的,是与之相反的时间富裕现象,也就是时间充裕且将时间用在有意义之处的状态。谁才是时间的富人?少数人。他们的做法有什么不同?其中之一,就是花更多的时间用餐。而时间的富裕又让他们发生了什么变化呢?稍作剧透:他们变得开心了许多。

在第三章"时间富裕习惯"中,带着这种全新认识的你会开始将目光转向自己,并了解自己能通过什么方式来识别和避免这些时间陷阱。无须辞掉工作或中大奖,我们每一个人都可以在时间上变得越来越富裕。我们必须像对待身体健康一样,用一丝不苟的态度对待时间,身体健康是很多小的行为转变累积起来的结果,比如不乘电梯而走楼梯,或是晚餐多吃沙拉而少吃芝士汉堡。同样地,时间富裕也牵扯到能够让你的时间更多且更有质量的小决定,比如更敢于拒绝,以及花钱将耗时而不讨好的任务转交出去。

与金钱上的富裕一样,时间富裕也涉及长期规划。第四章"从长计议"就列出了有助于你为较为长远的问题做出规划的

11

时间不是挤出来的,是安排出来的

策略,比如创立事业或构建家庭。只对行为做出一次改变并一劳永逸地遵循下去,是远远不够的。需求在改变,目标也在改变,生活是无常的。通过对你的时间选择进行规划和重新评估,你便可以根据不同阶段的需求做出决策了。

最后,你要把注意力转移到那些影响你的时间财富的人身上。第五章"系统改革"会让你看到,科技、公共政策和人力资源等体系是如何对时间富裕型生活方式产生负面影响的。这一章节会列举各种干预措施,帮助人们在时间和金钱之间找到更好的平衡点。时间富裕不仅对你个人有利,也能让组织机构受益,因为,组织机构的运营者往往就是加剧时间匮乏的推手,但却对其积累的消极成本一无所知。希望你能与有能力实现变革并打造时间财富的人力资源和政府人员分享这一章节。

在每一章中,你都要通过包含具体事项和记录表的工具箱来将所学到的内容付诸实践。这些工具箱将会帮助你认清时间的使用情况,并通过计划来弥补浪费的时间,从而让你从时间匮乏的状态中解脱出来。

你是泰勒还是摩根

了解自己现在对时间和金钱的看法,将有助于你最大限度地利用这本书中的方法。因此请暂停一下,思考自己通常是如

序 言 时间富裕的艺术与科学

何对时间和金钱做取舍的。然后，阅读下文中对两个人物的描述，判断你对哪位有较强烈的认同感。你不一定要与此人意见完全相合。只需选择和你最为接近的一方。

比起金钱，**泰勒**更加重视**时间**。泰勒愿意为争取更多的时间而牺牲金钱。比如说，泰勒更愿意减少工作时长、少挣些钱，而不愿为多挣些钱而增加工作时长。

比起时间，**摩根**更加重视**金钱**。摩根愿意为赚取更多的金钱而牺牲时间。比如说，摩根更愿意增加工作时长、多挣些钱，而不愿为争取更多时间而减少工作时长。

我已经把这个测试介绍给了成千上万人。只要知道某人是泰勒还是摩根，就能以惊人的准确度预测出其行为。我知道他们会选择什么样的航班和最看重哪种礼物。他们的工作时长、会不会做义工、在社交中表现如何，甚至会从事什么样的工作，都能预测出来。这不是什么魔术，只是将数据与行为相匹配罢了。[2] 这种分类会让各位读者从中受益，因为本书后文中给出的策略的基础，就是涉及泰勒和摩根两种人所做出的缜密行为科学研究。

那么，你是其中的哪一位呢？好好想想这个问题，并做出

13

诚实的回答。因为觉得泰勒的理念更可取而称自己是泰勒,并不意味着你真是这样的人,也不意味着你的时间绰绰有余。无论你从哪里起步,都有可能成为时间上的富人。不要以为只有一种正确答案,也不要觉得你生来就是这二者中的一者。没错,一些因素会驱动我们更易成为泰勒或摩根,但这种角色在我们一生中会出现多次转换。作为一位时间课题的研究员,我对时间匮乏方面的数据了如指掌,但若诚实地面对自己,我必须肯定地说,我是摩根。

因为你选择了这本书,我想你应该感觉自己是摩根,但即便确定自己是泰勒的读者,也仍可以通过精明的时间管理而受益。研究表明,那些更加重视时间而非金钱的人,能享受到各种各样的益处。以关注时间的心态可以:

- **增加快乐** 更珍惜时间而非金钱所获得的快乐,相当于结婚时获得的快乐的一半。[3] 且这种情况适用于各种人群:并不受到赚钱多少、教育背景如何、家里几个孩子或是婚姻状况的限制。
- **促进社交** 重视时间会促使我们将社会关系摆在第一位。[4] 即便是短暂的社交互动,比如与那个你总在公车上碰到的人聊聊天,也能减少时间压力、增加快乐且有着惊人的效果。[5]
- **提高人际关系满足感** 与关注金钱的人相比,关注

序　言　时间富裕的艺术与科学

时间的人的另一半更加快乐，且性生活也更和谐。把钱花在省时服务上的情侣不仅有更多的时间全身心共处，也能从两人关系中获取更多的快乐。为节省时间所购买的产品或服务，甚至能消除一部分伴侣不体贴所带来的不快。我的研究表明，对于你的婚姻而言，花钱雇用一位清洁工，或许与学会做一位更好的聆听者一样有益。[6]

- **提高工作满足感**　珍惜时间的人与重视金钱的人的工作时长是相同的。而讽刺的是，那些更加珍惜时间的人往往会比那些重视金钱的人收入更多，因为这些人更有可能去追求自己热爱的职业，因此工作压力较小，效率和创造力更高，也较不容易半途而废。[7]

最为重要的是，关注时间带有亲社会的性质，这个词被学者们用来描述有利于他人的行为。

在扩充你的时间富裕工具箱时，内疚感或许会在某一刻油然而生。[8]你或许认为，时间富裕只是养尊处优的一种冠冕堂皇的名号。你可能会想：我有余裕选择把时间放在金钱之上，别人却做不到。我真是自私。

在这件事上，我自己也在挣扎。朋友和同事曾经取笑我，说我的研究是在让富人的生活更加轻松。随着时间的推移，这些感觉消失了,其中有两个原因。首先,我们收集的数据逐渐显示出,时间财富对处于任何经济阶层的人来说都能带来积极的影响。[9] 其次,已有研究表明,你所获得的时间财富能为所有人带来益处,因为这会让你更有能力帮助别人。

当我不得不拒绝他人或是准备休假的时候,都会试着告诉自己,腾出时间能够让我发掘出更多精力,将之投入关心的人和事上——比如帮助本科生申请博士学位,或是与我的伴侣共度时光。这个论点可不只是乐观的臆想,而是有严谨的数据作为基础:当我们觉得自己拥有足够的时间时,便能更好地服务他人。

关于时间财富有利于我们帮助他人的最著名的事例,要数"好撒玛利亚人"实验。在实验中,研究人员从普林斯顿召集了一批神学大学生,让他们完成了几份问卷——这是心理研究中的常用做法,这些问卷其实是虚设,只是达到目的的手段罢了。之后,学生们按要求穿过校园,到当地一所小学,给学生讲述对路边一位受欺凌的陌生人伸出援手的好撒马利亚人的故事。

在完成问卷之后,一批大学生被告知他们已经迟到,全班都在等候他们的到来;另一批大学生被告知,他们尚有几分钟的时间到课堂去。穿过校园的途中,所有学生都会碰到一个蜷缩在小巷里痛苦呻吟的男子。绝大多数被告知还有时间的大学生都停下来伸手相助。但是,在那些匆忙赶路的大学生中,只

序 言　时间富裕的艺术与科学　

有不到10%的人帮助了这名男子；绝大多数人甚至根本没有注意到他的存在。[10]

包括我的部分研究在内的其他研究也得出了相同的结论：感觉时间富裕的人更有可能做义工，与本地政客交流互动，并为其子女的学校帮忙出力。[11]另外，感觉时间富裕的人也更有可能抽时间进行垃圾回收和堆肥以及购买节能家用电器，从而为环保出力。[12]

即便只是提醒自己注意时间的亲社会性，也能帮助我们在时间上做出更明智的决定。如果将购买省时的产品和服务视为亲社会行为，我们便不再那么心怀内疚，并更有可能将这些选择贯彻到底。[13]

简而言之，在面对将时间置于金钱之前的挑战时，请提醒自己，关注时间不仅仅是关注一己之利。通过关注时间，你也是在为家庭、朋友、同事、社区以及地球的福祉贡献力量。

● ● ●

拥有更快乐的时光，秘诀其实很简单：把时间置于金钱之前——一步一步慢慢来。

与生活中的许多真理一样，通晓道理容易，但具体实践起来就要困难许多了。这本书中所包含的诸多转变措施并非立竿见影、简单易行。书中的绝大多数干预措施，能为时间财富带来的提升效果都是微小（但显著）的，且实践和执行这些转变，需要深思熟虑和精心计划。

我愿为大家提供帮助，但从根本上来说，想要过上时间富裕的生活，还要取决于全新思维方式和行为准则的培养。学习成长的过程永无止境。每一天，我仍然在为时间和金钱的取舍而左右为难。面对个人成本超过职业收益的工作机会，我却满口应承下来，这样的事情发生过太多次。我的伴侣常常逼我坐下，告诉我说："阿什莉，这个机会你真的得放弃，这件事不值得你花费时间。"

我的生活是个不断改进的过程。但我的研究和个人经验都告诉我，时间是值得奋力争取的。没有人知道自己剩下的时日还有多少。如果你想压力更少一点，更享受工作、拥有健康的人际关系，那么当下这一刻就是最好的时机。从现在就开始一些微小但意义深远的改变，你就能够成为时间的富人，过上最美好的生活。快乐不是这本书的主题，而是这本书的产物。

让我们开始吧！

第一章
Chapter 1

时间陷阱及时间匮乏
Time Traps and the Time Poverty Epidemic

第一章 时间陷阱及时间匮乏

你是世界上最贫穷的人群中的一员,这概率有80%。¹ 我所谓的贫穷,指的并不是你的银行账户(虽然物质上的贫穷的确是一个不容忽视的社会问题)。不,我的意思是说你是时间的穷人:你要做的事情太多,却没有足够的时间去做。在美国、德国以及日本这些千差万别的国家里,时间匮乏都达到了前所未有的严重程度。²

没有人能幸免于时间匮乏带来的窒息感。现在坐在厨房桌旁打字的我,也同样感到时间困窘、捉襟见肘。对于我来说,这是一种肚子里的压迫感。今天早上,一个学生因论文问题给我发来紧急求助的电子邮件,让我没能尽早开始这一章的写作。即便在开始写作之后,我也一直密切留意着手机。哎,一位赶截止日期的同事随时都有可能发来信息,让我帮忙。我得提前暂停工作去看医生,在这之后还要匆匆赶回家,用沙拉和其他乱七八糟的东西对付一顿迟来的晚餐,然后再回头去处理我的收件箱和"滚动待办事项清单"①。我把这作为文件名,一直打开放在电脑桌面上。这份清单拉拉杂杂,有好几页长。

---

① "滚动待办事项清单":根据总事项清单分解而成,更加方便执行,如果当天有事项没有完成,便可"滚动"到第二天去做。——译者注

时间不是挤出来的,是安排出来的

我没有时间把所有要做的工作都做完。我要尽量挤出时间,跟另一半聊聊。和朋友谈天,可能来不及了。我还必须得找时间,陪我那一天天老去的父母谈谈心呢。

今天对于我来说并不特殊,你听起来或许也有似曾相识的感觉。时间匮乏影响着每一种文化,也跨越了所有经济阶层。我们绝大多数人对此都有体会。

真有那么严重吗

没错,真的很严重。在 2012 年,约有 50% 的美国上班族表示,他们"总是在赶时间",70% 的人的时间"从来"没有充足过。[3] 2015 年,有超过 80% 的人表示,他们的时间无法满足需求。[4] 正因为如此,我才猜到你是时间的穷人。这可是你自己说的。

如果你担心这只是个无病呻吟的小问题,应该硬着头皮去面对,那可就错了。时间匮乏的无处不在是一个严重的问题,让个人和社会肩负了严重的代价。我和其他人收集的数据表明,时间匮乏和生活质量低下之间存在着关联。[5] 时间的穷人不仅幸福感和生产力较低,而且压力也较大。[6] 他们运动较少,摄取的食物较为油腻,且心血管疾病的发病率也更高。[7] 时间匮乏迫使我们违背自己的原则:我们会从便利店里匆匆买来薯片和鳄梨酱,然后边盯着屏幕边漫不经心地狼吞虎咽,而不是烹饪一顿营养丰富的晚餐。本想最大限度地利用时间完成任务,却让我们的工作日变成了久坐不动、浑浑噩噩的一团糟,充斥着盐分、脂肪和快餐。

时间匮乏的社会也支付着高昂的代价。时间的困窘所造成的压力,使得美国医疗系统每年承担着 1900 亿美元的费用,占到年医疗总支出的 5%～8%。[8]心情不悦的员工每年因生产力损失而造成的浪费达 4500 亿～5500 亿美元。[9]无论何时,在一家有一千名员工上班的机构中,都有两百人因感到不堪重负而请病假。[10]

时间匮乏的影响和代价巨大,以至于现在的研究人员将之比喻成饥荒,即一场影响波及整个社会的严重而迅猛的时间短缺,这种匮乏带来的消极影响,与一场自然灾害产生的诸多消极影响无异。[11]

我们为何是时间的穷人

造成时间匮乏加剧的最浅显易懂的原因,就是我们花在工作上的时间比以往更多了。然而,研究证据却并不能支撑这一理论。听上去或许难以置信,但与 20 世纪 50 年代相比,绝大多数现代人都拥有了更多的休闲时间。[12]经济合作与发展组织

（OECD）在 1950 年的数据显示，美国人的每周总工时平均为 37.8 小时；但到了 2017 年，这个数字却下降到了 34.2 小时。人们的时间统计日志显示，在过去的 50 年中，美国男性的每周休闲时间已经增加了 6~9 小时，女性的休闲时间则增加了 4~8 小时。[13] 微波炉、扫地机器人、数字通信以及电子邮件应用中自动建议会议时间的炫酷功能（我爱死这个功能了！）等，这些科学技术都在帮助我们打造更为高效的生活。随着共享经济的崛起，优步和跑腿兔（TaskRabbit）① 等公司也使得节省时间的服务变得更加触手可及且经济实惠。[14]

当然，比起过去，我们的时间既没有多也没有少。每天，我们都会平等地得到 24 个小时。从理论上来说，与父母和祖父母相比，能够拥有更多闲暇时间的我们应该感到高兴才对。那么，我们又为何会体验到前所未有的时间匮乏呢？

这是因为，造成时间匮乏的原因，不一定是我们所有和所需的时间之间存在偏差，而在于我们如何看待和重视这些时间。这不仅是心理范畴的问题，也同样涉及社会结构。我们的工作时间或许没有增加，但做出的选择却让我们时刻处于工作状态。[15] 我们无休无止地保持在线，也很容易将注意力不断投入自认为会带来更多金钱的事情上。[16] 宝贵的闲暇时间到来的时候，我们却没有做好利用的准备，就这样使之白白浪费。我们

---

① 跑腿兔（TaskRabbit）：一家跑腿网站，客户在网站上发布工作内容，跑腿者可以领取任务并获得相应薪酬。——译者注

还可能会告诉自己，说我们并不需要休息，而硬把这时间用在了工作上。

事情到了这一步，其实并不是我们的过错。社会文化打压了时间的固有价值。社会教育我们，要将那些寸步不离办公室的人当作英雄来崇拜。[17] 除此之外，收入不平等的加剧也让我们觉得，如果不把每一刻都用在工作上，或是至少做做工作的样子，那么我的世界明天就会崩塌。[18] 这些因素造就了我所说的"时间陷阱"，这便是导致绝大多数人长期感到时间匮乏的元凶。

想要拥有时间富裕，第一步就是了解这些时间陷阱，并在生活中把它们找出来。

时间陷阱 1：科技

时间碎片和休闲的破灭

没错，相比于 50 年前，我们的确拥有更多的闲暇时间。然而，休闲却从未像现在一样压力重重，这主要是由屏幕所造成的"脱媒"① 效应造成的。这种现象被称为自治悖论。我们使

---

① "脱媒"：原是银行业术语，一般指在进行交易时跳过中间商直接进行买卖，在此指代用户可直接与媒体内容创造者互动。——译者注

时间不是挤出来的，是安排出来的

用手机科技，本是为了自主把握工作时长，但讽刺的是，到头来，我们却落得终日工作不休。[19] 我们曾经享受的大块闲暇时间，现在却不停地被我们的智能手表、手机、平板电脑和笔记本电脑打断。

这种情况给我们的大脑带来沉重负担，并使得我们的休闲时间变得支离破碎，使我们难以利用这段时间缓解压力或享受生活。[20] 我（以及其他研究人员）将此称为时间碎片，指的是将零碎时间浪费在低效的一心多用上。[21] 单独来看，每一小块时间碎片似乎并不会造成大碍。但若汇总起来，所有这些时间碎片所带来的损失，或许比你想象的更加致命。

想要一窥自己究竟是如何切割时间的，那就做一下这个简单的计算。你在晚上 7 点钟有一个小时的休闲时间。在这个小时里，你收到了两封电子邮件，把两封都读了一遍并回复了其中一封；社交平台发来四条通知，不是无谓的说教，就是消极之人发布的无聊言论，你迅速浏览了其中一条的回复信息；同事在企业群聊软件 Slack 中发来三条信息，有问问题的，也有让你帮忙的，你回复了其中一条，没有理会其余两条；闹钟响起，提醒你明天打电话给妈妈祝贺生日；一个朋友发来四条短信，为下周周末安排活动，你悉数给予回复。

每件事情本身都微不足道，且只需几秒就能做完。但放在一起却能产生两种消极影响。第一个影响是，它们会从你的一个小时中占用大量时间，如表 1-1 所示。

第一章 时间陷阱及时间匮乏

表1-1 时间碎片

处理事项	用时（秒）
阅读2封电邮	30
回复1封电邮	30
阅读4条消息通知	45
浏览1条消息通知的回复	30
阅读3条工作通知	30
回复1条工作通知	45
查看1个闹钟提醒	10
查看4条短信	40
回复4条短信	120
时间碎片总数：21条	**总用时：6分20秒**

几次看似无伤大雅的干扰，却占用了这段休闲时间的约10%。研究表明，我们对于这些干扰的数量和性质的估算较为保守，所以实际情况通常要比这更糟。[22]

另外，时间碎片有一种更具侵入性的影响，即对于这一小时休闲时间的碎片化。在通常情况下，这些干扰是随机分布在一个小时之中的。为了演示具体情况，我将这些干扰分为五种事件——电子邮件、推特、群聊软件、闹钟以及短信，并将其随机分布在一个小时之内。

这样一来，这一个小时的休闲时间便从图1-1所示的情况变成了图1-2中的某种情况。

在每种可能性中，休闲时间都被分成了几个小块，有的小块时长只有 5～6 分钟。即便你足够自律，不会或不会马上反应，这些干扰也仍然会让你想到可以做或应该做的事情，从而破坏那些较小且变数较大的时间块的质量。[23]

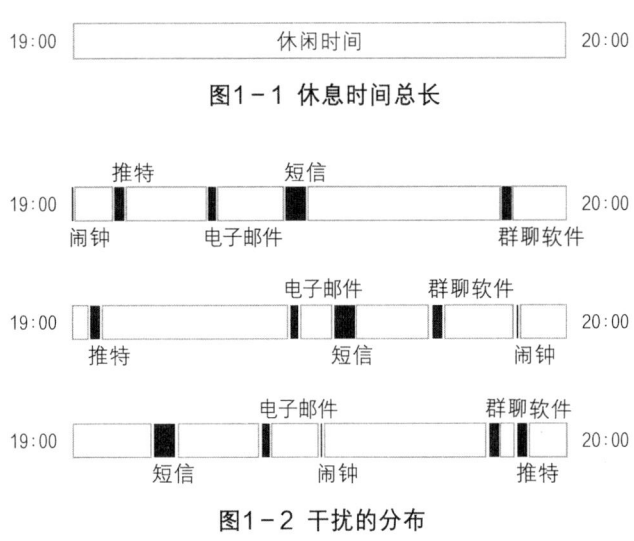

图1-1 休息时间总长

图1-2 干扰的分布

曾经，我们热爱到健身房运动；而今，我们却一边单手给老板打字回信，一边努力不让自己从跑步机上摔下来；曾经，我们可以不受打扰地与家人共进晚餐。而今，我们却面对着冷掉的餐食低声讲电话；曾经，我们能够享受轻松的野餐。而今，我们却在公园旁公厕的"私密"隔间里开电话会议。我们将办公室装在后裤兜里，使得远离电子设备变得难上加难。许多人都承认，在晚上十点之后、观看话剧演出时、婚礼时、用餐时、"亲密接触"甚至妻子分娩期间，他们都曾经查看过工作邮件。[24]

当我们想要享受一顿生日晚宴时，友人发来的热带度假照片会让我们的意面不再那么美味；当我们想要为下次约会选择一家餐厅时，海量的评论和评分会让我们把更多的时间花费在选择食物而非品尝食物上；当我们想要与朋友和家人共度一段意义深远的休闲时光时，工作提醒却让我们对没有完成的任务心生愧疚和担忧。

在试图放松时思考工作会引发恐慌感，这是因为如果各种事项在我们脑中的排列起了冲突，便会引发时间的匮乏感。如果我们在努力尽家长责任时却刚好收到工作邮件，那就不禁会想，我们现在该做的不是一心一意地陪孩子，而是赶下一个截止日期。这种矛盾感会让我们感觉自己不仅是个不负责的家长："和孩子一起玩的时候，为什么偏偏要去想工作呢？"也是一名不称职的员工："我是不是跟孩子在一起待得太久了？升职机会会不会落到别人手上呢？"

把思想从当下转移到其他诱发压力的活动后，若想在认知上恢复原始状态，也需要一定时间。[25] 人们预估的空闲时间要少于实际情况，因此，对休闲时间的享受也会打折扣。[26] 这就是科技造成的时间陷阱的无孔不入：时间碎片让我们觉得，自己的时间匮乏情况要比实际更为严重。

时间不是挤出来的，是安排出来的

时间陷阱 2：金钱至上

财富悖论和追逐金钱的隐患

单靠对屏幕的成瘾，还无法造成时间饥荒。另一个让我们陷入时间匮乏状态的，是社会对于工作和赚钱的痴迷。我们接受的教育让我们（错误地）相信，金钱能够比时间带来更多的快乐。[27]即便百万富翁也会犯这个错误。我的同事们对几千名世界上最富有的人进行了研究（多亏了一家富人银行的配合）。他们向这些位居财富顶端 1% 的富人提问，需要多少钱才能让他感到"幸福圆满"。其中四分之三的人，甚至包括那些银行存款超过 1000 万美元的人表示，他们还需要"比现在多出很多的钱"才能感到幸福圆满（"至少"还需要 500 万～1000 万美元）。[28]即便不是心理学博士，你也能看出这种心态有什么不对劲儿的地方。

我们都听过这样一句话："金钱难买幸福。"而且在实际生活中，情况也的确如此。研究表明，金钱能够抵御悲伤，但却买不来快乐。[29]一旦赚来的钱足够支付账单、为未来存些钱并在周末稍微休闲娱乐一下，那么赚更多的钱对于我们的快乐就没有多大作用了。根据从 165 个国家的 170 万人搜集到的数据，研究人员计算了一个具体的金额，超过这个数字，再多的金钱也不会给我们带来更多的幸福。在我们的年收入达到 6.5 万美元(全球平均数额为6万美元)后,金钱越多也无法代表我们越快乐;在年收入达到10.5万美元(全球平均数额为9.5万美元)后,金钱越多也无法代表我们对自己的生活越满意。更有甚者,一旦赚取了大笔金钱(在美国,这个数字是每年10.5万美元),人们便会开始觉得自己在生活中的幸福感出现了下滑。[30] 当我们富有起来的时候,便开始将自己的生活与比我们更加富有的人做比较。我们追逐着一个永远无法企及的理想,因为随着财富的增加,我们也会越发感觉别人比我们过得更好,我们甚至也会认为自己需要比别人过得好,而且也一定能比别人过得好。[31]

金钱并非万恶之源。拥有更多的金钱,能够保护我们不受压力的侵袭。当我们的汽车抛锚时,金钱给我们提供了一个解决烦恼的方案。在没有危机需要处理的情况下,手头有闲钱甚至能够给我们带来一份安心。[32] 然而,规避消极后果与创造积极成果是有所不同的。我要重申这一理念,因为这一点实在太重要了:金钱难买幸福。我们以为,金钱是一条通往时间富裕和快乐的康庄大道。但却大错特错了。[33] 与此相反,富有的人肩上的压力也更大。[34] 实际上,真正的幸福需要我们投入时间才能获得。

虽然我们绝大多数人都是时间的穷人,但那些(有工作的)富人却更觉得捉襟见肘。[35] 这并不奇怪,部分原因是按数字来看,较高的工资意味着他们的时间的确要比那些赚钱更少的人值钱(每小时的工作都会为他们带来更多的收入)。时间的

时间不是挤出来的，是安排出来的

增值使人们越发感到了时间的宝贵与稀缺。为了证明这一点，我的同事们将大学生当作专业顾问对待，要求他们在实验室项目上每分钟收取1.5美元或15美分的费用。与收取15美分的学生相比，那些收取1.5美元的学生更有时间紧迫感。[36]在另一项研究中，收入较高的员工更容易对"一天中的时间不够用"这样的言论产生共鸣。[37]

随着财富的增加，我们的时间匮乏感也越发强烈。问题出在，一个执迷于赚取更多金钱的社会会错误地相信，想要在时间上越来越富裕，靠的是拥有更多的金钱。[38]积累金钱总能让我们在未来有能力购买幸福。我们心想：我要努力工作，多赚些钱，好在日后换来更多的休闲时间。这是一种错误的解决方法；你很快就会发现，这与正解正好南辕北辙。专注于追求财富是一个陷阱，只会让人们在追逐财富的道路上越走越偏。[39]

时间陷阱3：对时间价值的低估

"最低成本"文化和对时间价值的误解

由于整个社会对于金钱的迷恋，许多人都在通过牺牲时间财富的方式去保护自己的金钱。从纯粹的经济角度出发来寻求最划算的交易和最低的价格，会带来时间的匮乏和诸多烦恼，

第一章 时间陷阱及时间匮乏

因为我们并未计算对金钱的执迷所带来的时间成本。[40]

在我的一项调查中,在家有幼童的职场父母这种收入稳定但时间极度匮乏的人群中,52%的人表示,他们更希望得到更多的金钱,而不是时间。[41] 当被问及如何通过(想象的)100美元奖金来增加自己的幸福感时,只有2%的职场父母表示会把这笔钱花在节省时间上,比如雇人把食品、杂货送货上门。[42] 那些明显有足够的经济能力去珍惜时间的人,那些平均拥有300万美元银行存款的人,却仍然表示,他们更希望拥有更多的金钱。[43]

对大多数人而言,用现金换取时间的想法甚至从来没在我们的脑中出现过。[44] 从很大程度上来说,这是因为时间的价值很难衡量。即使我们在时间和金钱上做了一次错误的取舍,比如为了节省每升三四美分的汽油钱而开到三千米之外去加油,也不会感到这是个糟糕的选择。这是因为我们知道,相比于购买高价汽油,我们节省了更多的金钱,但是对于由此产生的时间成本,我们却一无所知。

在后文的内容里,我会对这种决定进行详细剖析,你会吃惊地发现,紧盯着如何省小钱的习惯让你损失了巨大的价值,也让你在时间上遭受了重大的损失。

眼下,你可以通过辨识自己何时会做出"更便宜"的选择,从而在自己的生活中找出这一时间陷阱。当你在度假时为了省一点钱而预订了需要中转的航班时,你就已经陷入了时间陷阱。假设你因为那趟航班省下了300美元,但这却在往返途中各占用了你 4 个小时的度假时间，让你因早起和换机而徒增疲劳和压力。问题是，你愿意花上 300 美元，换取 8 小时更有活力且更为轻松的度假时光吗？

会议结束之后，该多付一晚的住宿费还是为了省点钱而坐红眼航班回家的问题，常常让我和同事举棋不定。最近，我硬着头皮感受了一趟红眼航班，带着一肚子气回到家，和丈夫大吵了一架。回想起来，我本可以花上 130 美元多住一晚，来挽回两人因恼怒和压力而浪费的那一天时间。

在这件事上，时间陷阱一目了然：人们会在不应该的时候条件反射地做出成本最低的选择。让我们更详细地看看以下这个关于汽油的例子。你经常会选择多开 6 分钟的车到另一家加油站，只为了节省每升约 3.75 美分的油钱。每个月，你都会加 4 次 60 升的油。从直觉上来看，这样做似乎很值得。6 分钟的时间并不多，而省的钱也可以积少成多。但认识到时间陷阱的人则会有不同的看法。

3.75 美分 × 60 升 = 每次加油节省 2.25 美元

2.25 美元 × 每月 4 次加油 = 每月节省 9 美元

每月节省 9 美元 × 12 个月（一年）= 每年节省 108 美元

———————

每趟行程 6 分钟 × 每月 4 次 = 每月损失 24 分钟

每月 24 分钟 × 12 个月 = 每年损失 4.8 小时

从这个角度来看,你为了节省108美元而花了近5个小时。在这种情况下,你的时间价值大约是每小时22美元,况且这个数字还没有考虑到你本可以用这5个小时做别的事情,而不是为节省一点小钱而开车跑到更远的地方所造成的机会成本。

这些计算的目的,不在于总让你做出花费更多的选择。而且,在权衡之后,你或许仍觉得这样取舍是值得的。但是,现在进行这些计算能让你通过不同视角看待时间的价值,而时间的价值,往往是我们容易严重低估的。

时间陷阱4:把忙碌当作常态

经济不稳定与工作主义之间的联系

我们的身份与工作之间的联系,比以往任何时候都要更加紧密。大多数数据显示,越来越多生活在美国的民众会从工作中找寻意义,而不是从朋友、家人或爱好中。

几十年来,将工作作为人生意义主要来源的理念一直存在,但通俗报刊文章中所称的"工作主义",还是一种最近出现且日益加剧的现象。就如《大西洋月刊》特约撰稿人德里克·汤普森(Derek Thompson)的描述,工作主义无异于一种"最新出现的网罗教徒的宗教"。[45]

工作又一次被大众看成了一种达到目的的手段,而非目的本身。俗话说,为了生活而工作。而今,许多人却是为了工作而生活。2017 年的一项调查表明,95% 的 18～25 岁的青年都表示,拥有一份"愉快而有意义的职业"对于他们而言"极其重要"。[46]

与我自己的大学时期相比,当今大学生对待学校的态度已经大相径庭到了让我惊讶的程度。对于我和我的朋友而言,发自内心地做出职业决策、随心追随当时的兴趣,这样的做法非常常见。在大三的时候,我的专业是戏剧,花在装扮成"科米蛙"[①] 上的时间,可要比练习线性代数的时间多得多。但现在,学生们却成群结队地找到我,焦虑地向我询问关于职业轨迹和实习机会的问题,希望选择最好且最正确的职业道路。一位学生曾经在一学期内跟我见了五次面,想要厘清自己的未来规划。我告诉她:"你才 20 岁,而且马上就要成为哈佛学院[②] 的毕业生了,怎样的选择都不会有错。我大三整年差不多都是穿着青蛙戏服度过的,还选了瑜伽课来修学分,就算这样,我这不也过得挺好吗?"这么说吧,她并没有听进去。

---

① 科米蛙:于 1955 年首次登场,《大青蛙布偶秀》中的布偶角色,之后也出现在《芝麻街》中。——译者注
② 哈佛学院:成立于 1636 年,是哈佛大学的起源,现隶属于哈佛大学文理学院,入学竞争非常激烈。——译者注

由于我们对工作的重视,工作中的忙碌现在也成了地位的象征。我们把忙碌当作荣誉勋章一样戴在胸前,[47] 希望被视为工作时间最长的员工(即便这些时间的效率并不高)。一位名叫彼得的同事告诉我,以前,只是为了让人力资源系统记录到他的在岗情况,他常常会在办公室待到晚上 7 点,即便不是在工作。彼得领的是固定工资,因此没有什么让他工作到下午 5 点后的直接激励因素。但全世界千千万万个彼得,却在社交媒体上自豪地发布着宣称自己工作不止的公告,也因废寝忘食而将社交活动抛之脑后。

势头愈演愈烈的经济不稳定,也推动了工作主义的盛行。自从 20 世纪 70 年代初起,美国和全球各地的收入不稳定问题便出现了大幅加剧。[48] 随着社会越发不平等,无论目前情况如何,民众都对自己的经济前景感到越发不安。[49] 那些衣食无忧的人担心未来情况会急转直下,而那些勉强维持生计的人则害怕自己会更加落后。我们中绝大多数人的应对方法,都是靠增加工作时间和努力赚取更多的钱。[50] 我们本能地将花在自己、朋友和家人身上的有益时间排在可有可无的位置;这些时间是最容易牺牲的,因为我们反正也不知道如何衡量其价值。[51] 我们自愿放弃度假的时间,以免给别人留下不努力工作的印象。我们会因为把钱花在为自己带来快乐的事情上而感到愧疚,比如在外用餐或是旅行度假。[52]

这种恐惧是根深蒂固的,有时是年幼便经历的不平等所带来的。在询问受访者成长环境中的不平等因素以及当今金钱对于他们的重要性时，我和同事们发现，年幼时承受的收入不平等越严重，长大后便越容易承认自己的自尊心会受到收入多少的影响。[53] 无论当下居住在哪里或拥有多少金钱，成长过程中所经历的经济不稳定都会长期加剧人们成年后对于金钱的关注。

由于自我认知被工作和效率层层包裹，在社会中所表现出的忙碌表象让我们感觉良好。[54] 忙碌的状态让我们感觉自己勤奋努力且被人需要。我们的努力工作（或是努力工作的表象）能帮我们赚取更多的金钱，让我们在自从大学时期便已计划好了的完美职业路径上稳步前行。相比之下，将注意力放在工作之外的领域，则可能会对我们的生计和地位造成威胁。我们担心自己不会受到重视，在某种程度上而言，我们的顾虑是正确的。事实证明，（绝大多数）雇主也会对崇尚忙碌的风潮持褒奖态度。研究表明，即便与事实不符，那些吹嘘自己工作不止、兢兢业业的人仍会被别人看成更加优秀的员工，拥有更多金钱和声望。另外，在他人的眼中，这些人就连外表都会显得更加迷人。[55]

虽然让别人看到你在周六晚上 8 点半发送电子邮件的感觉很好，但这种做法也会从整体上导致一种不健康也不快乐的生活。工作主义中的时间陷阱，正在加剧你（和你的同事）的时间匮乏。

第一章 时间陷阱及时间匮乏

时间陷阱 5：对无所事事的厌恶

正念与无为的价值

即便生活在一个完全平等的社会中，我们也会给自己制造时间上的压力：人类天生不适合无所事事。哲学家布莱士·帕斯卡（Blaise Pascal）说过："人类所有的问题，都源自（我们）无法独自一人安坐在房间里。"

研究人员将此称为对无所事事的厌恶，这种心态，会让我们做出一些令人匪夷所思的事情。哈佛大学的心理学教授丹·吉尔伯特（Dan Gilbert）就曾安排大学生坐在一间空房间里，什么也不让他们做。大多数的学生已习惯了不断的刺激和唾手可及的干扰源，因此感到非常不适。[56] 许多人宁愿接受轻微的电击，也不愿枯坐在那里胡思乱想。

就如丹·吉尔伯特所总结的："无所事事的想法会让绝大多数人狂躁不安。"[57] 为了防止读者们把这归结于还在上大学的年轻人的本性，另一项研究也表明，职场父母会在闲暇时感到"无聊"和"压力重重"——这表示，即使是时间上最为贫穷的人，也不知该如何放松。[58]

科技或许能帮我们避免与思绪独处，却是一个造成压力和时间匮乏的陷阱。与科技持续不断的联通会阻碍大脑恢复精力，使得压力水平居高不下，也会让我们脱离当下。

事实证明，无所事事是一种宝贵的休闲方式，有助于时间财富的积累。无论冥想、祷告或是其他形式的正念运动，都是安于无所事事的有效练习。正念练习可以通过网站和应用上的自学方式在家里完成，但确实需要努力。然而，努力付出是值得的。放空大脑所带来的身体和心理的益处，远远比让大脑一直处于激活状态而引发的压力更有价值。[59]

时间陷阱6："好的……糟糕！"效应

轻易包揽任务，明日何其多

绝大多数人都对未来的时间过于乐观。[60]我们愚蠢地相信，明天的时间会比今天更多。这有时会被称为规划谬误。[61]我称之为"好的……糟糕！"效应。让我来解释一下。[62]

上个周一，在喝咖啡的时候，一位朋友问我周六能不能帮她搬家。没问题。周二的时候，一位同事让我在周六之前把她写的报告检查一遍，我应承了下来。周三的时候，另一位朋友邀请我周六去一家我想要试试的新餐厅一起吃晚饭。作为一位研究快乐的研究者，我明白社交对我是有好处的，所以也答应了。

大家看到问题所在了吧？我只顾一个劲儿地应承，直到周六早晨，我一睁眼便想道：糟糕！

第一章 时间陷阱及时间匮乏

我到底是在想什么呀?

实际上,作为一名研究人员,我知道自己想的是什么:虽然我现在特别忙,但周六距离现在还有那么远,到时候我自会有时间把这些事完成的。在当下做承诺的成本非常低(答应别人的感觉也很好),而且未来会给人一种满是空闲的错觉——但这只是在未来到来之前,到了那时,我们往往巴不得把做出的承诺收回。

从统计的角度来看,预测我们下周会有多忙的最佳指标,就是现在的忙碌程度。因此,即便现在很忙但却仍将日后的任务应允下来,这个决定是欠考虑的。我们的大脑会经常忘记这一点,诱导我们相信日后的时间会比现在更加充裕。这种过度的乐观意味着,即便对于那些不想做的杂事(我们将在第四章学到更多如何说"不"的技巧),我们也会爽快应承下来。我们真心希望能把别人交予的所有事情都包揽下来。我们认为,应承是一种克服无所事事的方法,会让我们产生卓有成效、有归属感、有价值、受尊重和被爱的感觉。

那么,履行这些承诺的时间又从何而来呢?当然,我们可以占用本应用来增加时间富裕感的闲暇时间。我们自己在一个个活动之间周转,扛着巨大的时间压力,无法享受生活。我们让自己忙得不知所措,希望这忙碌能够给我们带来满足感。[63]而讽刺的是,这种永不停歇的忙碌,实际上却会破坏那些我们本想通过孜孜不倦的努力所达成的目标。[64]

时间不是挤出来的，是安排出来的

规避时间陷阱

这六个时间陷阱是最为常见的，我猜，其中至少会有几个让你产生同感。之所以无法将时间摆在优先位置，具体原因还有很多，比如害怕来自别人的指指点点，以及其他几个我会在下文更加详细介绍的因素。

现在，你的目标应是辨别和记录那些自己最常陷入的时间陷阱。你的时间陷阱不可能与他人的完全一样。之所以称为陷阱，是因为这些因素会搅坏你的心情，偷走那些本可以用来让自己心情愉悦的时间。本章末尾的工具箱，旨在协助你思考和内化那些你最容易掉入的陷阱，以便通过接下来的章节打造规避这些陷阱的策略。

我们都拥有攻克那些曾让我们深陷其中的时间陷阱的能力。就如努力健身一样，想要增加时间财富，你就必须每天刻意采取一些循序渐进的措施，来享受（并争取更多的）自由时间。就像强身健体一样，万事开头难。社会因素和我们的心理因素都在和我们反着来，让这些时间陷阱极具诱惑力。

在这个问题上，我可是专家。我的绝大多数时间，都花在书写、讨论以及研究拥有空闲时间的重要性上，即便如此，就某种意义而言，我仍是时间的穷人。在实际生活中，我对时间的捍卫情况，总与自己的理想有所差距。有一次，好不容易有悠然度假机会的我被朋友"逮个正着"，于是对方便在社交媒体上发了一张我的照片,还添加文字:"你竟然还会偶尔往办公室外跑!"这便是我去年被"点赞"数最高的帖子(真是无奈)。

顺着健身的比喻继续往下说,我们不要因为没能坚持健身而惩罚自己,同理,你也永远不要因为没能优先捍卫时间而责怪自己。切记,捍卫时间之所以困难,是因为几股力量共同起效的结果。遇到时间匮乏的情况时,我们本能的处理方法并非加以抑制。研究表明,在感到忙碌的时候,我们竟会将更多的任务扛在肩上。在大学期末考试期间,我当时的一位室友曾因备考压力巨大而决定增加轮班工作的时间,还没完没了地干各种杂事。他制作调配了各种蛋白质饮料新配方,占用了本应用来学习的时间。这样一来时间就更少了,导致他压力更大,加重了这个恶性循环。压力会让人忙上加忙,乱上加乱。

一位朋友说,这种行为就相当于节食版的"啊,我觉得自己好胖呀——再吃一个汉堡好了",与节食的例子相比,用时的例子背后有一种荒谬的逻辑。当我们感到时间匮乏时,却反倒会完成一些容易完成的小任务,因为这能让我们感觉自己仿佛更好地掌控了时间。[65]我们会想:好吧!我做了一杯蛋白质饮料,这个任务完成了。我还是做了些实事的!在这个例子中,这是一种控制感的错觉,对我们忙碌的根本原因毫无缓解作用。

每个人的时间匮乏感都一样,而每个人眼中的时间财富却各有不同。这可能意味着花 15 分钟的时间弹弹吉他,而不是一个劲儿地玩手机；抑或，这也可能意味着花 10 分钟静心冥想，或是用一个周六的早晨学习如何用储蓄做投资，而不是在社交群聊软件上聊职场八卦。无论你心目中的时间富裕是什么样子，我们中最快乐且在时间上最富裕的人，都是那些会精心安排自由时间的人。想要靠近时间富裕，就要认识和避开我们生活中的时间陷阱，并每天用心打造更加快乐和有意义的瞬间。

使用下面几页的工具箱练习，来更好地理解你所陷入的时间陷阱。在第二章中，你将会在这些理解的基础上进一步审视你的时间使用情况，并制定个性化的策略，以便创造时间富裕，打造更快乐地利用时间的方法。

第一章 时间陷阱及时间匮乏

工具箱：认清并避免你个人的时间陷阱

以下工具箱练习能够帮助你诊断出时间匮乏的严重程度，判断出让你中招的时间陷阱。

⏲ 六大常见的时间陷阱

- **不断处于与科技工具联通的状态**　手机、笔记本电脑以及其他科技工具不断对我们造成干扰，将工作和娱乐时间分割为碎片，对我们造成压力。
- **沉迷于工作和赚钱**　我们错误地认为，能够带来更多幸福的是金钱而非时间，如果现在工作赚钱，那么就会在未来拥有更多的时间放松享受。而实际上，赚钱只会使得追求财富的欲望愈演愈烈。
- **对时间不够重视**　我们没有给予自己的时间适当的重视，经常会为节省小钱而浪费掉大量的时间。
- **将忙碌作为地位的象征**　我们倾向于在工作中寻找意义，也倾向于利用工作的繁忙来塑造自己的身份和实现自我价值。
- **厌恶无所事事**　即便事实已经证明了保持正念、享受现在和什么也不做的价值,但我们仍然看不清远离电子设备的重要性。

- "好的……糟糕!"效应　我们对未来的时间过于乐观,认为明天的时间比今天更多。这种过度的乐观意味着,我们会爽快应承占用未来时间的任务,但在那未来来临时,做出太多承诺的我们却后悔莫及。

⏱ 时间匮乏诊断工具

全面审视你的生活,你拥有多少空闲时间?用−5到5的数值来表示,−5代表没有或几乎没有空闲时间,5则代表空闲时间很充裕。

将你的答案记录在这里:_____

全面审视你的生活,你拥有多少空闲金钱?用−5到5的数值来表示,−5代表没有或几乎没有闲钱,5则代表闲钱很充裕。

将你的答案记录在这里:_____

现在,将你的答案标在下页这个网格中(图1-3):

如果你的分数在左下角,那么时间匮乏程度就非常严重。

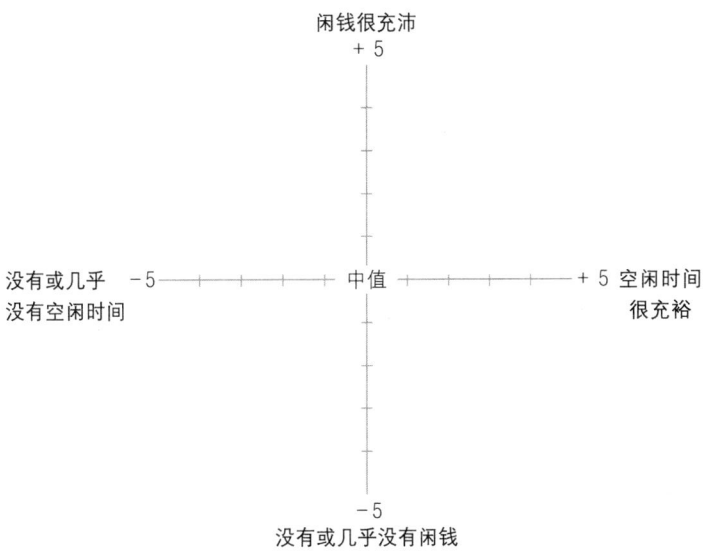

图1-3 时间匮乏诊断四象限

随着时间的推移,你或许会越来越重视金钱,从而使时间匮乏问题愈演愈烈。如果你的分数在左上角,那么你便是时间匮乏者中的典型案例。你觉得自己没有太多的时间可用,但或许仍拥有重视时间的心态。如果你的分数位于网格的右侧,那么时间匮乏问题就应该不太严重,因为你的答案表明,你是拥有空闲时间的。

人人都可以通过将时间放在首位而获益,但如果你的时间匮乏情况比较极端或典型,那么就最好将更多的精力和注意力放在缓解时间匮乏的问题上。

时间不是挤出来的，是安排出来的

自我评估

思考自己对于时间和金钱所做的决策，以及你所陷入的时间陷阱。

在以下的表格中，记录对你影响最大的时间陷阱，并描述你在每类陷阱中所做的具体决策。比如，在科技时间陷阱中，你或许会写："为买小东西花了太多时间货比三家。"

表1-2 时间陷阱记录

时间陷阱	你的时间陷阱习惯
科技 （查看短信、电子邮件和其他通知；在网上为决策搜索信息等）	
对工作的痴迷 （一心想要赚取更多的钱，希望自己有满足的一天，梦想着到时候就有时间空闲下来了）	

续表1-2

时间陷阱	你的时间陷阱习惯
低估时间的价值 (总是选择最低廉的价格,不惜花费时间成本)	
将忙碌当作地位的象征 (表面上无时无刻不在工作,将自我价值与工作挂钩)	
厌恶无所事事 (担心休息时间无异于浪费,用低价值的活动把空闲时间填满)	
"好的……糟糕!"效应 (应承太多未来事项,因为觉得自己在未来会拥有更充裕的时间)	

第二章
Chapter 2

如何发掘时间和购买时间
Steps to Finding Time and Funding Time

第二章 如何发掘时间和购买时间

到了现在,你已经对自己的时间匮乏感做了反思,记录了自己怎样落入六大最常见的时间陷阱,也判定了自己从总体上说更看重时间还是金钱。

现在,该讨论些具体的问题了。每年,我们都会面对数千甚至数万个类似的时间或金钱的选择。与职业上的选择一样,这其中的有些选择不仅费时,还会带来重大的影响。[1] 有些选择在数秒之间就能做出,比如是选择优步打车还是搭乘通勤列车去机场。[2] 有些选择几乎不会在显意识中出现,比如注意到手机铃响。

在开始研究时间或金钱的取舍问题之前,我经常会忽略一些微不足道却有可能造成昂贵代价的决策。在做出重大考量的时候,我会考虑到时间和金钱,在日常生活中,我也从未停止思考这些取舍的利弊。现在,就连选择咖啡厅或是规划公路旅行路线时,我都必须考虑排队等候的时间,或是能不能通过走某座收费桥快点到达目的地。

作为第一步,养成留心思考的习惯很有积极意义,但想要大幅提高时间财富,你不但需要一个计划,还需要帮助你做出决定的策略。

时间不是挤出来的,是安排出来的

计划的具体内容如下。

第一步:了解自己的默认设置

通过(在序言中)选择自己更接近泰勒还是摩根,我们已经迈出了第一步。让我们来回想一下,这两个角色各代表着一种极端性格,要么看重时间而非金钱(泰勒),要么看重金钱而非时间(摩根)。现在,让我们深入一步了解你与泰勒或摩根有多相像。

在研究过程中,我曾遇到过一个极端的摩根型人。他从事医学工作,生活的核心就是金钱和效率。用他的话来说:"因为没法赚钱,所以我待在家的时候并不快乐,宁愿去上班。"他不仅在医院上全班,还主动提出值夜班。为了离工作地近一些,他与怀孕的妻子住在不同的寓所里。他没有把这间公寓的家具添置齐全,因为"那是要花钱的"。他已经吩咐好妻子,在离预定分娩时间还有"一小时整"的时候给他发短信,好让他临时请假,跟家庭的新成员问声"好",然后再及时回到他供职的医院工作。

大家或许会好奇他生活的其他方面是什么样子。老实说,他没什么生活可言。他不锻炼身体,几乎每天都在自己的车里或是医院的食堂吃晚饭,而且还体重超标。需要说明的是:这个摩根不是我杜撰出来的。他是个实实在在的人。你或许已经给自己贴上了摩根的标签,但没有他这么严重。

我也遇见过极端的泰勒型人,其中包括一位数字媒体策略师,为了立马购买面包机,他宁愿多花许多钱,也不愿花几小时的时间搜索最划算的价格。"我为什么要把时间浪费在那种事上呢?"他住在城里,房租非常昂贵,但可以步行或骑车上班(所以,他没有汽车,也不会把时间浪费在塞车上)。他会为升职而欢欣,但却不愿付出"牺牲周末或假期"的代价。他从不会在办公时间之外查看电子邮件,没有电视机,老式"笨蛋手机"无法联网,且他一到晚上就会关机。他很少会定计划,而是"让(他的)朋友们争论去哪里、做什么、吃什么",然后"只管出席"。

或许你认为自己是泰勒,但没有这么夸张。你喜欢看网飞,大家也知道,你常在下午 5 点之后还在工作,也会在周日晚上查看电子邮件。

我们绝大多数人都处于这两个极端之间。想一想你离极端差多少,然后在图 2-1 的频谱上将你心中自己所处的位置标记出来。

请记住,这些默认的心态没有好坏之分,而是由我们的生活经历和社会环境塑造的。小时候家境贫寒、居住在收入高度不平等的地区以及对自己的未来经济前景感到不安的人,会逐渐学会关注工作和赚钱。[3] 而且,这种选择也很可能是正确的。

对于那些入不敷出的人而言，将默认关注点设在频谱的金钱一端时，他们往往会更加幸福。[4]

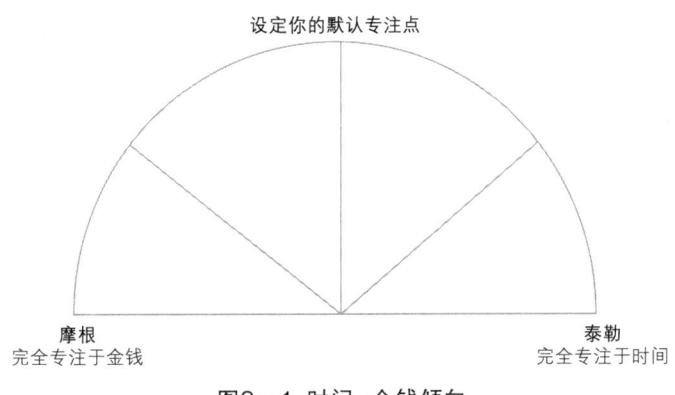

图2-1 时间-金钱倾向

然而，那些看重金钱且能够从中得到更多快乐的人，也会因偏重时间的决策而受益。我在这些年收集的数据表明，无论你从哪里起步，都应至少朝着频谱中泰勒的那一侧稍微靠近。那些时间财富和幸福双丰收的人，就是这样做的。[5]

第二步：记录你的时间

想要着手增加你的时间财富，就需要对自己使用时间的决策有一个基础的认识。想要这么做，最好的方法之一，就是在即将到来的周二将使用时间的方法详细记录下来（你将在本章末尾的工具箱里找到记录表）。

为什么选择周二呢？因为周二往往是一个较为平常的工作日，相比于其他几天，人们往往会在这天感受到更多的消极情绪和较大的压力，因此，你往往能在这天捕捉到更多导致时间匮乏的活动。[6] 如果周二做不到，那也可以选择另一个工作日。[7]

除了积极或消极情绪之外，请留心你对每个活动有什么更深的感觉。比如，这个活动是否能够制造效益？是否令人愉悦而意义深远？在清点你的时间使用情况以及思考某些活动为生活带来的意义时，这额外的一步是非常重要的。[8]

比如，抚养孩子会带来很多紧张压力，连续 16 晚夜不能寐，这真没什么乐趣可言。然而对于绝大多数人来说，没有什么能比看着自己的孩子迈出人生第一步更令人满足的事情了。[9] 蜷缩成一张"墨西哥卷饼"、窝在沙发里收看最喜欢的电视节目，这当然非常安逸，但却无法带来什么人生的意义。我们应该多加关注那些给我们造成压力而又无甚益处的活动，也应该问问自己，能否将更多的精力用在积累有效、愉快或有意义的体验上。[10]

将自己的活动记录下来后，请认真思考。想一想哪些活动是愉快的，哪些是痛苦的；哪些有益，哪些无效；哪些给你带来了快乐，哪些带来了意义。针对那些让你感到压力和不悦的

时间不是挤出来的,是安排出来的

活动,问问自己是否能够减少花费在上面的时间。针对工作或锻炼这种无法(或不应该)避免的活动,问问自己有没有可能使之多些乐趣或少些压力。

第三步:发掘时间

被束缚于不喜欢也无计可施的任务之中,这是导致时间匮乏的主要原因之一。[11] 因此,想要获得更多的时间财富,最简单也最明显的道路,就是有意地选择在给你带来快乐的事项上多花些时间,而在给你造成痛苦的事项上少花些时间。[12] 极简主义的爱好者们,可以把这当作"怦然心动整理法"的时间版,也就是遵循知名专业整理师近藤麻理惠对居家环境以及生活的整顿方法。

将她的方法套用在我们的议题上,能够得出类似这样的结果。

- 观察你利用时间的方法。
- 问问自己:我是否热爱这项活动?
- 如果不喜欢,那就将该项活动剔除。

劳动经济学的爱好者们,可以把这种做法看作个人痛苦指

第二章　如何发掘时间和购买时间

数^①（U-index）。¹³

- 计算花在给自己带来快乐以及痛苦的活动上的时间所占的百分比。
- 将积极效益最大化。
- 将消极影响最小化。

无论选择哪种方式，你都是在通过发掘时间将日常生活中让你感觉时间匮乏的活动转化成带来时间富裕感的活动。想要发掘时间，方法有以下几种。

转化糟糕时间

想要发掘时间，第一步就是找出通勤或排队等小块的"糟糕"时间，在其中添加收听有声读物或音乐等能够引发快乐的活动。

不必花费许多的精力，你或许就能想出一些可以转化的事项。对于很多人来说，开会都是造成时间匮乏的一个根源，因此，你可以检查自己的日程表，尽可能取消赴会的承诺，利用

---

① 痛苦指数：痛苦指数是由丹尼尔·卡尼曼和艾伦·B. 克鲁格教授共同提出的概念，指一个人花在不愉快状态时间所占的百分比，痛苦时间越长，这个数字也越高。——译者注

时间不是挤出来的,是安排出来的

这些时间到外面去走一走。在一天工作结束之前关闭电子邮箱,以免被邮件连番轰炸。在周六时关闭手机,和家人一起开开心心地制作烤奶酪三明治,大饱口福。

每个人对这种方法的实际操作都有所不同,因为大家有不同的好恶。有的人觉得去博物馆参观没什么意思,但有的人却一次次地流连忘返。关键在于将你不喜欢的时间划定出来,寻找方法加以改善。

哪怕只致力于这些方法中的一种,也能对你的时间财富产生影响,你可以通过计算时间使用的变化来看看具体效果。比如说,通常在家工作的周五,你没有参加不必要的45分钟会议,因此发掘到了练习吉他的时间。只需将45分钟与52周相乘,你就会发现,自己每年已经转化了39个小时,即一天半的时间。而将这39个小时用在给你带来快乐的事情上所带来的额外好处,则可以巩固时间富裕的效果。

放大快乐时间

你也可以通过丰富积极体验的方式来发掘时间。有没有哪项积极活动(无论有效或无效)是你想要多尝试的?对于我来说,阅读和听音乐是最快乐的两种体验,因此我会有意地用这两种活动来填满自己的闲暇时间。

即便只花几分钟去享受自己最享受或最有意义的活动,也会产生可观的影响。你可以每周选一个晚上点些外卖,把时间花在阅读上。

巧用工作时间

工作的方方面面几乎都在"密谋"着如何把我们逼上时间匮乏的窘境:为上班做准备的时间、来回的通勤、胡乱填入的一天中的不健康饮食(或是因为太忙而干脆不吃),还有下班后的减压时间。这些造成时间匮乏的消极活动,无异于一个恶性循环:在时间紧迫的压力下,我们反倒越发不会用心把握闲暇时间。[14] 在这些短暂的空闲时间里,我们却通过看手机这样的时间匮乏型活动来打发。相比于时间富裕人士而言,时间匮乏的人会把更多的钱花费在物质消费上,这虽能分散他们的注意力,却无法制造快乐或意义。[15]

与老板协调能否每隔一周在家工作一天,这便能让此类时间匮乏型活动立即减少10%。每周在家工作一次,能够将痛苦减少五分之一。即便必须按照正常上班时间工作,你也不会被一天开头和结尾的压力弄得手足无措。研究表明,在家上班时,你在一天的开头和结尾会更高效,也更健康。[16] 请老板给你一些灵活支配的时间。如果在家工作不可行,那就充分享受所有的休息时间和带薪假期,以便按下"复位"键,以焕然一新的面貌重新回到工作中去。[17]

时间不是挤出来的,是安排出来的

练习正确使用休闲时间

不要把所有空闲时间都花费在浏览网络"段子"和四处闲逛上,这一点非常重要。与看电视、打盹儿以及网上购物等消极休闲活动相比,花在志愿服务、社交和锻炼等积极休闲活动上的休闲时间带来的快乐要多得多。[18]

即便只是简单地动动身体,于你也有帮助。研究表明:那些在过去25分钟内运动过的人表示,自己的幸福感得到了提升。[19]

我和同事研究这个问题时发现,百万富翁要比勉强维持生计的人(稍微)快乐一些,对此,我们并不感到出乎意料。虽然拥有更多的金钱并不一定预示着快乐,但却预示着人生的满足感,即我们在这项研究中所测量的因素。但是,让这些百万富翁更快乐的,并非金钱。若控制住财富这个变量,百万富翁每天花在积极休闲上的时间要多出30分钟,花在"看电视"或是"什么也不做"这些消极休闲上的时间则要少40分钟。也就是说,在时间富裕型活动上,二者之间已存在70分钟的差异。[20]在超过一年的时间里,这种做法会造成时间使用上的悬殊,富人们花在让自己感觉时间更加充裕和心情更加愉悦上的时间,要足足多出几百个小时。

为吃饭发掘更多时间

和我的巴黎（这也是理所当然的）同事罗曼·卡达里奥（Romain Cadario）一起，我从一项针对一万多人的调查中发现，法国人每天花在吃饭上的时间更长，而美国人花在选择吃什么东西上的时间，比真正享受食物的时间还要多。[21] 由于对品味食物的专注，法国人从吃中获取了更多的满足感，也减少了压力。无论是选择餐厅、到餐厅去、点菜这些餐前事项，还是在餐后继续一天的活动，这其中都有许多时间可以发掘。在餐厅吃饭看似一种带来快乐的典型活动，但相比于简单叫点外卖（抑或，你连选择都不用做，只需自动预订过去点过的餐饮就行，然后放松地等待与家人和朋友一起享受美食），餐厅就餐在对抗压力方面的效果可能就相形见绌了。[22]

发掘时间结识新朋友和帮助他人

拥有高质量的社会关系，能够带来相当于经常锻炼和不吸烟一般的益处。[23] 即便是坐飞机时与你旁边的人闲聊几句这种短暂的社交互动，也有改善情绪的功效。[24]

做志愿者时所产生的社交互动不仅会让我们感到愉悦，也有助于我们减轻时间匮乏的感觉。在一项研究中，研究人员要求人们花 10～30 分钟的时间，为自己或他人做一些计划之外的事。花更多时间帮助他人的人们，会感觉到自己的未来更光明。

这看上去似乎有悖常理，因为志愿工作是会占用时间的。但是，这项亲社会行为会提升情绪并增加时间富裕感，因为，如果感觉自己有富余的时间可以分给别人，我们便会觉得自己能更好地掌控时间。[25] 如果你能每天抽出两分钟的时间跟陌生人打个招呼或是为他人做些什么，那么一年就会多出 12 个小时的亲社会时间。

发掘时间，体验崇敬之心

到风景优美的地方远足，或是花点时间仰望天空，都能让你恢复活力。激发人们产生敬畏之心的体验，对时间压力有缓解作用。[26] 当你在考虑该往日程表上添加什么活动时，可以试试腾出时间在公园里散散步，将自己置身于大自然的怀抱，或是在网上观赏一段美景的视频。[27]

• • •

即便觉得时间匮乏，你也仍能将点点滴滴的时间重新寻回。想要开始丰富自己的时间财富，最好的起点，就是通过本章的工具箱将自己的日常活动列成清单，并明确指出哪些活动应当被删除和替换。

第二章 如何发掘时间和购买时间

第四步：购买时间

发掘时间几乎不花什么钱。比如取消每周一次非必要的会议用散步来代替，这个选择是完全不用花钱的。但是，想要消除时间匮乏带来的消极体验，还有一种更直接的方法，那就是靠花钱摆脱。时间，是可以购买的。

初创公司将这一招运用得淋漓尽致。风险投资家会建议学员，尽量把与创业核心工作无关的事情外包。这种做法能让学员们将全部注意力放在对于使命最为关键的工作上。他们会雇用厨师，以免在准备餐食上花时间；为了削减旅费，他们会将办公室设在距离合伙人很近的地方，甚至同一座办公楼中；他们会购买高端的会议和协作软件，尽量使远程工作变得有效和高效（从总体上来说，这种对工作的痴迷是不是造成时间匮乏的原因，另当别论，但这种购买时间的原则的核心，与我们将在书中讲到的内容如出一辙）。这些人的做法的确可圈可点：比如，我们知道，那些选用备餐服务和将任务委派给高层领导的首席执行官，一般都对自己的时间利用情况比较满意。[28]

因此而受益的人，并非只是富有的首席执行官们。无论你住在哪里、年龄几何、是男是女（男性和女性的获益是同等的）、工作时间多长或赚钱多少，购买时间的效果都很显著。想要增加时间财富，用到的金钱并没有你想象的那么多，而为了充分受益，你所花费的钱也应当高于你的想象。

在一项实验中，我为职场人士提供了两笔40美元的经费。第一个周末，我让参与者们将这40美元花在物品上，于是他们为自己购买了诸如T恤、桌面游戏以及化妆品之类的东西。第二个周末，我要求参与者用"任何可能省时的方式"来花这40美元，于是有人叫了外卖，有人不坐公交车，而是打了出租车，有人雇人把购买的杂货送到家中。把钱花在节省时间上，不仅增加了他们的快乐，还减少了他们的压力。[29]

想要判断将工作交给外人处理是否有效，你可以问问自己，你的时间是否比把最消极低效的体验外包出去的成本更有价值。[30] 查看自己清单上的事项时，我发现通勤路上堵车的难熬时间是我最想重新寻回的。于是我便查了一下选择乘坐优步打车从家到办公室的花费，然后把这段时间用来阅读和聆听（以及发掘新的）音乐，这些，都是我非常乐在其中的活动。

通过投资，我将时间匮乏型活动（通勤）转化成了时间富裕型活动（阅读以及拓展我的音乐爱好）。

这看起来或许有些夸张，让我们做一下计算。

成本：

拼车：30美元／天，按20天／月计算，共600美元

流媒体服务：12美元／月

总成本：612美元／月

第二章 如何发掘时间和购买时间

益处：

寻回时间：45分钟/天，按20天/月计算，共15个小时

通勤压力几乎降低为零

每年大约多出165个小时进行愉快和有意义的活动

每个月，我都能寻回将近两个工作日的时间，而在此之前，这段时间都被压力充斥，而这压力又会进而渗入一天之中。我将这块时间重新分配给了那些能够助长时间财富和快乐的活动。这样算下来每月只需花费大约600美元，也就是每小时40美元。在我看来，这笔交易很值得。切记，这并不是一笔凭空出现的支出。我虽然产生了600美元的花销，但也不必再为每月500美元的租车费、邮费或是停车费买单。另外一种看待这一决策的视角便是，我每月只需多花100美元，就能赚回15个小时的时间。对我来说，使用优步打车的相对优势，超出了自己驾驶所节省的成本。

你或许仍在迟疑。这看上去是一笔不小的数目，从传统的视角来看，这似乎是一种奢侈浪费。如果你觉得无法负担将任务全部外包给别人，那也可以考虑将你最不喜欢的事务剔除一半或四分之一，抑或等到日程安排特别紧张时再这么做。我的研究表明，在这种时候，购买时间的代价是最大的。[31]

另外，也不要低估了花钱寻回时间所带来的价值。这种做法看似价格不菲，这是因为总是考虑如何尽量减少花销的习惯

已经在你脑中根深蒂固。除此之外，减少压力和寻回时间去做热爱的事情等难以量化的理念，是难以用金钱界定价值的。很快，我们就能计算出这些理念的价值了。但与此同时，你或许也会惊讶地发现，在看似奢侈的事情上多花些钱，竟能让你感觉畅快这么多。

你也可以找一些能从生活中剔除的物质（这些东西可能并没有带来你想象中的快乐），用来补贴购买时间的花销。通过戒除每天光顾咖啡店的习惯以及克制不必要的网购，我便"找到"了填补拼车费的 100 美元。

现在，让我们看看在购买时间时还有哪些策略值得考虑。

适度减少你的杂务

对于正在纠结于如何将家务采用外包服务的你，像跑腿兔这类公司不仅让购买时间成为可能，也提供了前所未有的实惠价格。在诸如购物、清洁以及洗衣等省时服务上花钱，能够减少时间压力和增加幸福感。但用户们需要注意的是：如果将杂务过多地给外包服务公司，便会使之变质成了一种让人头疼的管理工作。你的日程表会骤然失控，安排和管理预约和送货等杂务，会让你忙得焦头烂额。[32]

认清你想要哪些外包服务

不要认为只是因为做饭很麻烦,你就理应点外卖。研究表明,相比于外卖送餐,许多消费者都更喜欢预制餐食订购服务①。33 这或许是因为很多人都喜爱烹饪,但却不想动脑考虑做什么菜或是怎么购买适量的食材。

因此,带着分析的眼光去审视你不喜欢的事务。你真正不喜欢的是什么?问题到底是在于你不喜欢通勤,还是在于你在通勤途中只是盯着别人车上的保险杠而不是付费听音乐或播客?尽量选出事务中你不爱做的部分,然后外包给服务公司。

举例来说,通过使用杂货店的送货服务来购买时间,可以让你将更多时间花在你最享受的环节上,比如烹饪。同样,只需简单计算,就能看出你仍能节省时间:即便只是将决定吃什么(10 分钟)以及采购食材(20 分钟)的每周一次的环节剔除,一年也能节省出 26 个小时的时间。点外卖虽然能够节省更多的时间,但却连积极的烹饪时间也一并去除了。

我的研究中的一位参与者将这一理念牢牢掌握。34 记录如何花钱让外包公司提供服务时,她特地将一般的杂务和让她感到痛苦的杂务区分开来。她说:"我是个神经敏感的人,因此洗

---

① 预制餐食订购服务:这是一种会员订购式的餐饮服务,在欧美国家十分流行。公司向客户分发部分预先准备好的食材以及对应的食谱,客户只需进行简单的烹饪即可。——译者注

时间不是挤出来的,是安排出来的

衣服、洗碗以及清理住处杂物这样的事,会让我觉得自己正在规整人生。每天花上 20 或 30 分钟的时间整理,会让我心情愉快,觉得一切尽在掌握。而相反地,比如刷护壁板、刷厕所、擦地板还有扫门廊这种'深度清洁'活动,则会让我心烦意乱。一想到这些琐事,我就会心乱如麻,这也会让我对丈夫心生不满,因为他一向对于这些杂务抱一种事不关己的态度。所以,我便雇了一个人每月来处理这些杂务。"

不要断定自己没钱购买时间

那些预算紧张的人,其实也是能够花钱购买时间,而且花的钱应当超出他们的心理预期。[35]

来看看大学本科生卡梅隆的例子。在听我讲述了重视时间而非金钱的重要性后,还是一位低薪学生的他,便开始尝试将这些策略付诸实践。他兴高采烈地向我讲述了自己的成果:"自从开始新工作,我每周六早晨 6 点就得开始工作。我用第一个月的薪水,在分类广告网站上买了一辆二手自行车,从而有效地减少了通勤时间(以前我是走路上班的)。现在,我只需 6 分钟就能到上班地点了!最近,我新买了一台自动咖啡机。现在,每到周六早晨 4 点 57 分,咖啡机就会自己启动、煮出榛果咖啡来!这就多出了几分钟的宝贵时间,能让我在床上多躺片刻。买这些东西,减少了我早上所花的时间,也减少了害怕上班迟到造成的压力。我觉得，这钱花得值！"

如果仍感到内疚，那就让别人送你省时礼物

你或许仍然会为花钱雇用外包服务公司感到愧疚。你会这样告诉自己：这不是我的作风。即便我拿出证据说明花钱外包不但物有所值还会增加你的幸福感，有的人还是没法让自己做一次尝试。[36] 如果你就是这种人，那就请别人送你省时礼物吧。如果别人本来就打算为你花钱，那就让他们帮你购买时间。我们一般不会选择送这样的礼物，但相比省钱礼物，收到省时礼物的人会觉得这样的礼物更加体贴和珍贵，这尤其因为，绝大多数人在为自己购买省时商品或服务时都会迟疑不决。[37]

一位女士向我解释说："雇人打扫卫生，拯救了我的婚姻。我和丈夫都在做全职工作时，想要打理一切几乎是不可能的，因此房子的卫生就'首当其冲'了。但是，对于定期购买省时产品和服务这件事，我们就是放不开手，因为我们还在尽力还房贷呢。因此，当有人问我想在生日或圣诞节收什么礼物的时候，我总会说想要雇人来打扫卫生。有一年生日，我还真的收到了这么一份礼物，别提有多开心了！我会开玩笑说，我对打扫卫生恨之入骨，如果真有地狱，而我又偏偏下了地狱，那么我在那儿的任务就是打扫卫生。幸运的是，有人把时间'送'给了我，也让我免去了困于自己的地狱（打扫卫生）之中的窘境。"[38]

稍加提醒：虽然省时礼物益处多多，但这种礼物在工作场合较为受人欢迎，而在恋爱关系中却不然。[39] 另外，针对收礼一方不喜欢的活动而赠送礼物会更有效果。[40] 赠送省时礼物并非万灵药，你还必须摸清对方的喜好才行。[41] 送礼方请注意：一个享受烘焙和一个嫌烘焙麻烦的人二者相比，显然后者会更喜欢别人送他自动搅拌机当礼物。

减少货比三家的行为

花在寻找最便宜价格上的时间，往往要比你最终省下的钱更有价值。为了更便宜的汽油而开更远的距离，或是为了以更实惠的价格买到同样的衣服而走街串巷，所花的时间成本，往往要比省下的钱更多。

看到我的编辑在购买新电视时用到这一招，我倍感欣慰。以前，在购买这类商品时，他通常会进行深入的调查，钻研像素密度、功能列表和刷新率，还要确保商品在未来不易过时。他会在网上阅读评论，先是缩小选择范围，然后便会到商店亲自查看机型，确保对自己的研究成果感到满意；在此之后，他又会挨门逐户地跑到各家商店，找到价格最便宜的一家。整个过程需要十几个小时，可能会占用一个周末的大部分时间，说不定还会更多。

不过这一次，他却先设定了一个价格区间，查看了区间内

第二章 如何发掘时间和购买时间

几种电视机的评论,然后从中挑了一台。就这么简单。整个过程用时不到30分钟。"一开始的时候,我真的很难摆脱必须以最实惠的价格买到最好的电视的想法,"他说,"但说到底,就算我多花了100美元,那又怎样?我把整个周末都重新找回来了。以前在买大件商品时,我至少要花上15个小时。这彻底改变了我对购物的看法。"

第五步:重新定义时间

我们可以清点时间,为单位时间划定成本,这是我们该做的功课。但除此之外,我们也可以改变对于时间的感知,这种做法,也能增加我们的时间财富。

举例来说,我们通过研究得知,用心品味一种体验,可以改变我们对这种体验的看法。[42]在一项研究中,将即将到来的周末"当作假期看待"的简单指示,便使研究对象更加珍惜这段空闲时间,情绪也得到了改善,从而改变了他们对于周末的态度。[43]与之相反,纠结于过去(如回顾工作日的情形)或是期盼未来(比如想象即将到来的一周),都会让我们倍感时间紧迫。通过将注意力集中在当下,我们便对现有的快乐变得更加敏感,并在过程中使得时间财富随之增加。[44]

即便对于工作这种最耗损时间的东西,也可以重新定义。

时间不是挤出来的，是安排出来的

如果你从事的是建筑或零售这种需要整天站立的耗费体力的工作，你便可以对这些活动进行重新定义。研究表明，当人们将这些体力考验视为"锻炼"时，不但会更加喜欢自己的工作，还会感觉身体更加健康了。[45] 在一项研究中，一批酒店客房服务员被告知，他们在工作中所进行的活动已经达到了一个积极健康人的推荐指标。这一简单的转变，使得这些服务员的体重、体脂和血压出现了显著下降。[46]

同样地，那些在通勤时有意为即将到来的一天做计划或定立其他目标的人，不仅更加享受通勤，而且也不太会出现辞职的想法，因为他们觉得，自己为迎接新的一天做好了更加充分的准备。[47] 这些研究告诉我们，将看似消极负面的时间以某种积极的形式重新定义，你便会发掘到更加美好的时光。

元重构：重视时间的价值

获得时间财富的一个最有价值的方法，就是认识到时间财富的价值。[48] 花些时间来认识时间的宝贵，这能够改变我们对时间的感知，并激励我们从最为枯燥的活动中汲取更多的快乐。[49]

这一现象被研究反复证明。在被要求想象自己只能在所居住的城市待一个月时，人们便突然从公园散步、欣赏艺术品以及观察宠物和人这些平日被忽视和低估的活动中获得了更大的满足感。[50] 在被研究人员要求七天不能碰自己喜欢的东西（当然是巧克力了）的时候，研究对象在下次品尝时便会更加细致。[51]

关于重视时间所带来的时间价值，我正在进行的对于濒死体验的研究，为我们提供了一些最能说明问题的研究结果。[52] 我发现，那些曾经历濒死体验的人，会觉得时间流逝得更慢。他们对于日常生活的体验更有感恩之心，也会认为具有社会意义的目标比有工作成效的目标更为重要。就像一位在手术台上屡次险些丧命（有四次之多！）的人对我解释的一样："我的每一段人际关系都发生了变化。我对我所爱的人重新生出敬意，对任何事都不会视为理所当然。我的母亲和我的关系比以前亲近了许多，我的姐妹和我也走近了很多。这种体验让我彻底领悟到，人生是多么短暂！"

这个人遭遇了一场飞来的横祸，但你无须经历濒死体验，也同样能够开始积累时间的财富。实际上，这段旅程已经开始了。厘清时间的使用情况，将你在任务上所花的时间记录下来，这种做法就是在培养你对时间的感恩和珍惜。[53] 就连阅读这本书，也是指引你更加珍惜时间以及积累更多时间财富的开始。[54]

• • •

经常有人问我："相比于购买时间，我该花多少精力发掘时间呢？"答案并非非黑即白。首先回顾一下泰勒或摩根的频谱。如果你是个中等或严重偏向摩根的注重金钱的人（像我一样），那么你就很可能偏好花更多的精力发掘时间，而不是购

时间不是挤出来的,是安排出来的

买时间。硬逼着自己购买时间,很可能会给你带来压力。[55] 因此,你的任何投资都应该具有战略性和低风险性。与之相反,如果你偏向于泰勒,那么就应该专注于购买时间。对于花钱买回时间,你不会太过介意。但是,你也应该在发掘时间上花些精力。[56]

无论你重视什么,都务必要留出足够的时间进行积极的休闲活动,比如社交、度假、兴趣爱好以及志愿活动。当然,也要努力重新定义你的时间。无论你是看重金钱还是时间,所有这些活动都能够缓解你的压力。

到此为止,这一章的内容一直围绕着为新习惯打好基石而展开。即便读了这么多,你可能还是会对将时间放在优先位置的理念存疑,因为,相比于省下来的金钱,多出的时间的价值是更难捕捉的。金钱容易衡量,但多出的时间财富却难以估测。我们需要一个显示时间价值几何的指标。下一节的内容,就为迈出第一步提供了一个框架。

衡量时间的价值

有这么一道难题:在为一位同事付出了 5 个小时的工作时间后,对方给了你两张你最喜欢的乐队演唱会的门票。几天前,你也为另一位同事付出了 15 个小时的工作时间,对方给了

第二章 如何发掘时间和购买时间

你两张门票,这场演唱会也很精彩,但恰与前者在同一晚。两场演唱会都是夜间娱乐的不错选择,但是第一支乐队是你最喜欢的,因此你更想去听那一场。你会做何选择呢。[57]

选项 A:最喜欢的乐队(工作 5 个小时的奖励)
选项 B:不错的乐队(工作 15 个小时的奖励)

现在,想象一下你不得不面对同样的抉择,但这两张门票不是你投入工作时间换来的,而是自己掏钱买的。

选项 A:你花了 40 美元,去听你最喜欢的乐队的演唱会
选项 B:你花了 200 美元,去听一支还不错的乐队的演唱会

绝大多数人都会在第一种情况下选择他们最喜欢的乐队,却会在第二种情况下去看花费较多的演唱会(大家可能已经猜到了,这是一场真实存在的实验场景,也是我和同事们测试过的诸多场景之一)。

除了你为换取门票所付出的代价之外,这个选择的其他条件都一样:在第一种场景中,你付出的是时间,而在第二种场景中付出的则是金钱。包括这一实验在内的几项实验所证明的结

论,或许你已预料到了:相较于损失少量的时间,我们对于损失少量的金钱更敏感。我们觉得,相比于选择付出更少工时换来的门票,选择更加便宜的门票所带来的损失更多。在做这一选择时,你或许也有同感。放弃 200 美元的代价太大了。但从另一方面来说,15 个小时的时间似乎比 5 个小时多不了太多。

从行为角度上讲,这样做决定并不一定是理性的。但即便如此,我们还是会有此偏向,最重要的原因,就是金钱更加容易衡量。1 万美元加薪的价值很好计算,但每天增加 30 分钟空闲时间的累计价值就较难界定了。因此,我们会自动选择我们能够确定的指标。

简而言之,我们能够搞清楚金钱的价值,但时间的价值却不好说。如果能把这个问题弄清楚,也就是说,如果我们能够明确时间价值几何,那么时间富裕型决策也就容易多了。对时间价值的衡量会让我们更容易相信,重视时间的决策所带来的价值,要高于我们可能会损失的金钱。

实际上,我们现在就可以开始衡量时间的价值了。我的一部分研究,就是要致力于帮助人们思考如何为时间及其产生的幸福感赋予有形的价值。[58] 我正在尝试着为这种某种程度上的"软概念"创造"硬"指标:时间价值。之所以有动力来打造这种衡量机制,是因为我明白,在易于衡量的金钱面前,想要做出时间富裕型决策有多困难。除此之外,我工作的商学院里,都是会计、金融和投行背景的工商管理硕士。想要让他们理解和关心自己的时间财富,就得用他们关心和理解的标准来加以衡量。

一种全新的衡量单位:幸福币

我所创造的标准并不是真正的金钱,而是与收获的幸福相等的收入,我习惯称之为"幸福币"。我将幸福币定义为时间选择所创造的等值于收入的快乐。比如说,你从1万美元的加薪中所获得的幸福感,等同于通过时间富裕型途径利用时间所产生的幸福感。做出这样的选择所带给你的快乐,与获取一定收入的快乐相等。

大家可能会发现,给时间和幸福赋予有形价值其实并不容易。首先,你必须找到一组有代表性的职场人员作为样本,询问他们赚多少钱、有多幸福以及如何利用自己的时间。通过这些调查,我会找出人们已经在实践的积极利用时间的方式,比如花时间置身于自然、更多地重视时间而非金钱、雇人打扫房子、减少堵车中浪费的时间以及花更多的时间品味美食等体验(第一章中列出的活动)。我会对受访者的回答进行一系列的统计分析,分析收入对幸福的影响和时间决策对幸福的影响,然后对比这两个影响之间的差异,以便用金钱来衡量人们从时间富裕型活动中获得的幸福感。[59]

时间不是挤出来的，是安排出来的

我知道，这听起来就很费脑。用具体的数字来讲，如果一个年薪5万美元的人获得了1万美元的加薪，那么研究表明，若满分为10分的话，他们的幸福感平均会增加0.5分。[60]同样地，在满分10分的情况下，如果花钱把最不喜欢的工作外包给服务公司做，也会让我们的幸福感增加0.5分。通过对比这两个数字，我便可以为这个决定所带来的幸福感附加一个金钱价值：对于一个年薪5万美元的人来说，这个决定能带来大约等于1万美元的快乐。[61]

必须承认，这个方法并不精确。简单起见，我已对具体数字进行了四舍五入，且以平均值作为计算的基础；有些人的具体收益，会比这个数字高很多，当然也可能低很多。人们通过做出时间决策（或赚取更多金钱）所获得的幸福感的提升程度，会因负债水平、每月支出和收入等因素而出现不同。实际上，那些收入较少的人从时间决策中所获的收益要更多。这是因为，物质上拮据的人，往往在时间上也不宽裕。[62]

比如说，对一个年收入5万美元的人来说，如果每个月花上150美元将不喜欢的工作提供给外包服务公司做，那么这笔花在缩短通勤时间或雇用清洁工上的钱所带来的快乐，或许会与家庭年收入增加4万美元所带来的快乐相等。对于年收入12.5万美元的人而言，同样的选择所带来的价值却只有1.6万美元左右——这种效果虽然仍然显著，但不如前者。

时间统计背后的科学仍在发展之中，但我们已经可以开始实践这种做法，让时间的价值变得更加真实具体。练习用有形的价值去衡量时间决策及其带来的快乐，会让你认识到，为了拥有更多的时间而放弃金钱，不一定总像人们认为的那样是一大损失。有的时候，花钱购买时间所带来的幸福感，要比你的银行账户损失的成本更有价值，且这种情况出现的可能性，也比你想象的更高。就算为了购买时间所花的钱超出了你的预想，这笔钱也往往花得物超所值。让我们来看看我是如何用金钱为一些时间富裕型活动"标价"的。

重视时间：2200 幸福币

以每年家庭收入 5 万美元来计算，将重视金钱的心态转为重视时间的心态，能够带来与每年多赚 2200 美元相等的快乐，也就是 2200 个幸福币（我用"h$"① 来代表幸福币）。[63] 即便不对行为做出任何改变，只需提醒自己，时间（而非金钱）是生活中最重要的资源，也会让你获益匪浅。

用心品味：3600 幸福币

花更多的时间品味美食，这只是用心品味的一种方式。用

---

① h$：即 happiness dollar 的缩写。——译者注

时间不是挤出来的,是安排出来的

心体会各种日常经历,这是让幸福更加爆棚的方法之一。比如享受舒适的天气,在公园里听一场演唱会,或是观察在街上玩耍的孩子们。

用心品味是正念的一种形式,因为这会要求你把注意力从效率和效益上剥离开来,而且专注于当下。用心品味也会要求你不再苛求制造"完美体验",而是转而打造美好的体验。在研究中,我们把前一种人称为最大化者,而将后一种人称为满足者。[64] 最大化者会为去哪家餐厅、点什么菜以及体验是否达到预期而压力倍增,相比之下,在选择就餐地点和点菜时,满足者们却不会担心这些选择是否完全正确。如此一来,他们便会安心享受这顿饭,而不去思考这与他们的预期是否相符。根据我的计算,从最大化者作风转变为满足者作风,会产生3600幸福币的价值。

外包任务:1.8万幸福币

许多人都觉得,将家务外包给别人是一笔无谓的花销。我们为什么要为本可以自己做的事情花钱?这个问题的一种答案是,幸福感所带来的收益不但能抵消经济上的成本,而且超出成本的程度超乎我们的想象。

把你最不喜欢做的事情(比如洗衣服、烹饪或是打扫)每月外包出去,会带来1.8万幸福币的价值。这是个显著的提升。比如你每年收入 4.8 万美元,在美国大多数城市,支付大约每周 100 美元或每年 5200 美元的花费,你就可以雇人帮你采购和归置食品杂物(或是其他你讨厌干的活儿)。这相当于你实得收入的 11%。

这种做法或许让人感觉非常不合理。但如果算上 1.8 万幸福币的生活满意度增值部分,这笔投资似乎就没那么过分了。

收入:4.8 万美元

杂务服务:−5200 美元

收入余额:4.28 万美元

幸福感增加:+ 1.8 万幸福币

收入余额 + 幸福感收入:6.08 万幸福币

除此之外,在计算幸福感的增加时,我们还未将更快乐地利用新空出的时间带来的乘数效应计算在内。如果采购食品杂货每周花去 2 个小时,那么你现在便额外多出了 104 个小时——也就是 4 天多的时间,可以用来从事志愿服务、锻炼、社交或是其他兴趣爱好等产生幸福感的活动。[65]

当然,这些计算的诀窍在于,你必须把不喜欢的事务外包出去。如果你喜欢烹饪但讨厌准备工作,那就花钱订一份半成品食材送货服务。如果你喜欢打扫卫生,那么即便把清洁地板的活儿交给扫地机器人,你的快乐估计也不会因此减少。

时间不是挤出来的,是安排出来的

你或许觉得自己捡到了一个便宜:我只要把最不喜欢的事务外包出去,然后用空出的时间来工作和赚钱就好,让其他人去尽情享受自由和快乐吧。这招的确聪明!但事情可没那么简单。事实证明,即便热爱工作,但工时超出平均水平依然会对幸福感造成负面影响。[66] 即便是做喜欢的工作,但每周多花 8~10 个小时工作,也会对幸福感造成相当于 2900 幸福币的损失。

追求实惠:-3300 幸福币

我已经在这一章中讨论过,纯粹从时间的角度出发,开车四处寻找最便宜的汽油,是对时间的一种糟糕的使用方式。要问有多糟糕,我的计算表明,购物时,无论是在线上还是线下四处货比三家,所花的时间往往都不值得。

但其实我们都会这么做。比如在网上购物时,十分之九的消费者都会追求便宜货,即便是对于牙膏这样的廉价商品。[67] 每次购物时,消费者们都会平均花费 32 分钟的时间来研究价钱,然后再完成购买。我们开车绕路,只为了节省每升几美分的油钱,为了捡到可能只能节省几块钱的东西,我们不惜精挑细选、货比三家。这种行为每年会给我们带来约 3300 幸福币的花费。

第二章 如何发掘时间和购买时间

度假：4400 幸福币

我们对于时间糟糕的滥用方式，便是我们对待假期的态度。我的研究发现，美国员工平均每年休假 9 天。如果这些人每年多休息 8 天（共计 17 天），便会每年为幸福程度带来 4400 幸福币的增长。[68] 即便在美国这个没有强制带薪休假的国家，绝大多数职场人士都拥有两周的带薪假期。这些数据表明，想要增加时间财富和幸福感，只需尽情享受本就属于你的带薪假期即可。

社交：大于或等于 5800 幸福币

我们是社会动物，对于与社会脱节所带来的逐渐上升的巨大代价，我们的了解只是刚刚开始。

请考虑以下这个场景：你的住所附近，有两家距离相等的咖啡厅，你希望每周有几天的时间在咖啡厅工作。在其中一家，没有人会来打扰你，你每周在咖啡和糕点上的花费是 20 美元。而在另一家，你认识里面的店员，也会和朋友聊天，但每周的花费是 60 美元。出于幸福考虑，你会选择哪一家呢？

从表面来看，第一家咖啡厅似乎是更好的选择，因为你花的钱更少，而完成的工作却可能更多。这是一个金钱比时间更易衡量的典型例子。实际上，与那些一人枯坐的人相比，在休

时间不是挤出来的，是安排出来的

息时进行社交的人的效率会更高。在第二家咖啡厅，你的确会花费更多的钱，但会更加快乐，效率也很可能会因此提高。在第二家咖啡厅工作所获得的价值，每年约等于5800幸福币。

具体的计算是这样的：

安静的咖啡厅：

餐饮消费：每年 -1040 美元

幸福感增值：+ 0 幸福币

净值：-1040 美元

热闹的咖啡厅：

餐饮消费：每年 -3120 美元

幸福感增值：+ 5800 幸福币

净值：+ 2680 美元

关于社交对于幸福币所产生的影响，怎么强调都不为过。假设有这两种极端情况：A 无时无刻不在工作，从不与自己的家人和朋友见面；B 每天都与朋友和家人共处。那么，从 A 到 B 的转换所带来的幸福感，与家庭年收入增加 10.8 万美元相当。如果你的生命中只有工作，且年收入为 10 万美元，那么转而将所有时间都花在社交上所带来的幸福感，与收入翻倍所带来的幸福感是相等的。

第二章 如何发掘时间和购买时间

由此带来的价值不可忽略。当然,这些例子并不现实。无论有多忙,我们中的绝大多数人都至少会花一些时间与朋友和家人共处,所有时间都花在工作上的人也是寥寥无几。但是,这些计算应该让你对于个人空闲时间的潜在价值有一个大概的把握。

积极休闲:1800 幸福币

积极的休闲也能带来益处。每天多花 30 分钟的时间进行锻炼或做义工等积极休闲活动,每年能够带来 1800 幸福币的价值(即便看电视或什么也不做等消极休闲活动,也能让你的幸福感出现大约 1000 幸福币的适度增长)。

与生活在一起的伴侣共同经营健康而快乐的恋情,能够带来 2.07 万幸福币的价值,这也是将社交关系放在重要位置的另一个原因。比起物质礼物,雇人打扫房间等能让伴侣们有更多时间共处的礼物,对幸福感的提升要显著得多;根据我的计算,为伴侣购买时间,每年能为幸福感带来价值 4000 幸福币的提升。

时间资产负债表

值得重申的是,幸福感的提升会因你收入和经济需求的不同而有高低之分。总体来说,时间富裕型活动所增添的幸福感,往往等同于年收入增加数千美元所额外带来的幸福感。

以下这份损益表中,列举了一个年收入 5 万美元的人所实践的几项前文提及的活动。这些简单的策略,每年预计会为幸福感带来价值 2.75 万幸福币的提升。通过这些时间富裕策略,这个人额外感受到的快乐,与年收入上涨 72% 相当。

收入:5 万美元

从重视金钱心态转向重视时间心态:+ 2200 幸福币

多休 8 天假期:+ 4000 幸福币

像满足者一样用心享受美食:+ 1800 幸福币

每天进行 30 分钟的积极休闲活动:+ 3600 幸福币

将你最不喜欢的事务外包出去:+ 1.28 万幸福币

为如何利用空闲时间做计划:+ 3100 幸福币

总计:+ 2.75 万幸福币 / 年

• • •

以"幸福币"作为衡量标准的目的并非进行精准的统计,而是这种统计的习惯。这种方法让我们清楚地看到,时间要比我们想象的更有价值,而我们在时间上所花的钱,也应比现在多出许多。

即使到了现在,你的大脑或许还在努力说服你相信这不是真的。社交 30 分钟所带来的价值,是不能像 3600 美元的钞票一样实实在在地握在手中的。我们需要具备一定的信心,才能实现向时间富裕生活方式的转型,但这些努力都是值得的。幸福就在那里,等待着你去收获;而你所需要做的,就是养成用网捕捞幸福的习惯。

具体的做法,我们到第三章再继续讨论。

时间不是挤出来的，是安排出来的

工具箱：跟踪记录你利用时间的方式，发掘更多时间

在本章中，我已经要求大家认真思考了平时使用时间的方式，并找出最积极和最消极的体验。我们还学到了三种可以用来增加时间财富的策略：发掘时间、购买时间以及重新定义时间。

接下来的练习能够激励你更进一步地反思自己的日常体验，在生活中寻找发掘和购买空闲时间的方法。

⌚ 跟踪记录时间

在这一任务中，你要使用"典型周二"时间表，把你在一个普通工作日中完成的主要事项记录下来。然后，再将这些活动在"典型周二"矩阵上标出。通过将花在高压和无效活动上的时间降至最低，你可以着重针对哪些领域发掘和购买时间。

积累时间财富的三种方法

认真思考自己一般会把时间花在哪些事项上,然后,认真尝试以下三种时间富裕策略,包括发掘时间、购买时间以及重新定义时间。

- **发掘时间** 这种方法是指,将最消极和无益的费时活动从你的生活中剔除,或是在这些活动(比如通勤)中加入更让人享受的内容(比如听音乐),以便使之变得更加积极和有效。
- **购买时间** 这种方法是指,重新分配花在购买实物上、对提升幸福感无甚帮助的可支配收入,转而把这些钱花在对节省时间有益的领域。
- **重新定义时间** 这种方法是指,以更加积极的方式重新定义通勤或工作,比如将你的通勤视为"小憩时间"。

典型周二时间表

参考下面的例子,将你在某个普通周二完成的任务在后几页的表格中记录下来。不一定要把时间定在周二,但尽量安排在工作日,这是因为,很多人都会在工作日感到焦头烂额。

表2-1 典型周二时间表

	事项	体验的性质	原因
1	醒来后第一件事就是自己播放我最喜欢的音乐,和猫咪一起安坐在办公室里(喜欢俯瞰楼下的汽车),再喝一杯深烘的咖啡	积极体验(愉悦)	这件事让我感到享受和身心放松
2	咖啡因一生效,我就会尽量连续进行1~2个小时的写作	积极体验(有意义)	我的大脑在清晨最清醒,因此我习惯尽量在会议前完成一两个小时的写作。如果不先有效工作几个小时,我就会变得易怒不安
3	去办公室。我会在早上9点半或10点左右开车去上班,也就是说,交通早高峰的堵车是在所难免的	消极体验(压力)	这种体验不仅会制造压力,还会让我心情烦闷,因为我觉得自己是在浪费时间

将你的事项填入下表,多填或少填都随意,但要尽量将下表列出的每个时间段中的主要活动记录下来。比如,每个时间段可以记录3~5项活动。

表2-2 上午：从早上醒来到中午12点左右

	事项	体验的性质	原因
1			
2			
3			
4			
5			
6			

时间不是挤出来的，是安排出来的

表2-3 下午：中午12点左右到下午5点左右

	事项	体验的性质	原因
1			
2			
3			
4			
5			
6			

表2-4 晚上：下午5点左右到晚上上床睡觉

	事项	体验的性质	原因
1			
2			
3			
4			
5			
6			

除了记录活动的内容，你还可以加一些和活动有关的解释。比如，你或许想要强调哪些事项牵扯到了时间或金钱方面的决策（比如，是选择加班，还是选择早点回家）。

时间不是挤出来的,是安排出来的

典型周二矩阵

在这个练习中,你要试着将上表列出的活动在下面的网格中标出。针对位于矩阵中积极象限的活动,使用星号或勾号,将你认为有意义或有效用而非只是给人带来愉悦的活动标记出来。换句话说,看电视或许是积极的体验,但这项活动的效用也许不大,或是对你没有什么意义。我为大家留出了空间,可以针对上午、下午和晚上各使用一个矩阵。

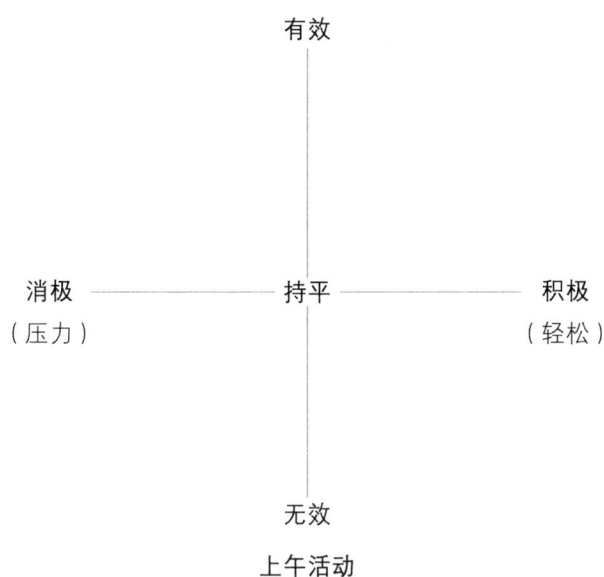

上午活动

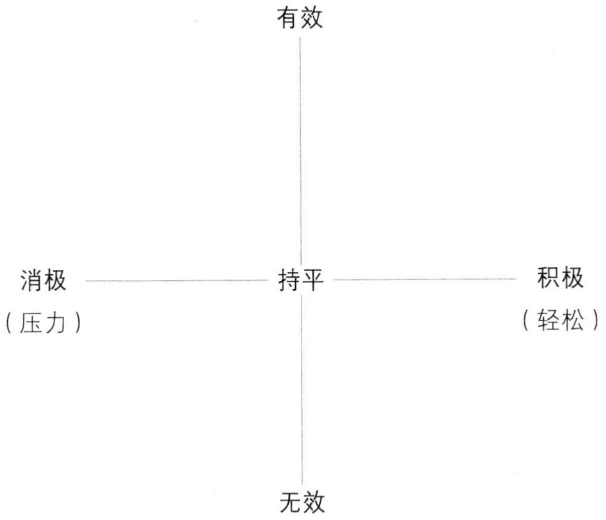

第二章 如何发掘时间和购买时间

有效
│
消极 ────── 持平 ────── 积极
(压力)   (轻松)
│
无效

下午活动

有效
│
消极 ────── 持平 ────── 积极
(压力)   (轻松)
│
无效

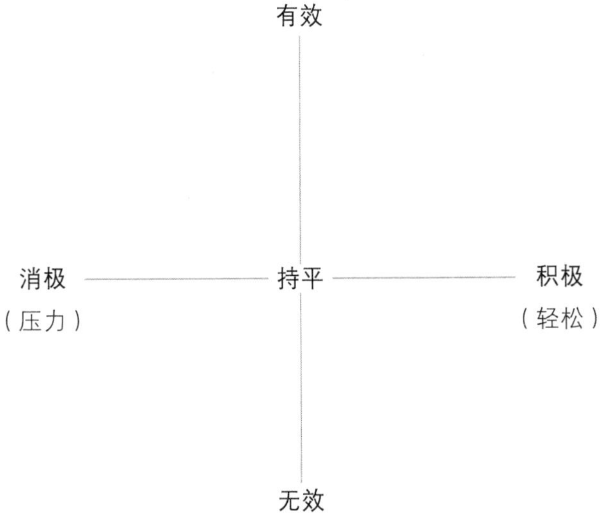

晚间活动

时间不是挤出来的，是安排出来的

一旦你分清楚哪些活动压力又大、还没收获，而哪些活动让人开心但没意义，你就可以考虑用前面提到的那些有助于增加时间财富和幸福感的策略将这些活动取代。

⏱ 发掘时间：打造一份时间富裕型待办事项清单

如果想要使用发掘时间的策略，你可以考虑将以下这些事项加入到你的日程中，实践表明，这些事项全都能增加你的时间财富和幸福感。

如果你有 5 分钟的时间：
- 把需要完成的杂事总结在一起，一项项完成。
- 给对你很重要但有段时间没联系的人发信息。
- 看看你还有没有任何没有使用的带薪假期。

如果你有 10 分钟的时间：
- 看一些放松身心的自然风光视频。
- 给一位同事、家人或是朋友发一封感谢邮件。
- 写一篇日记，因为记日记可以增加幸福感。

如果你有 30 分钟的时间：
- 到大自然里散散步。

第二章 如何发掘时间和购买时间

- 进行一些创造性的活动（比如绘画、写作、珠宝制作和编织）。
- 读一本书（或是在机场安检排队时用手机读书）。
- 冥想或是完成心理承受力线上练习（可使用一些冥想类的应用程序）。
- 进行短距离慢跑（15～30分钟）。

如果你有一个下午的时间：
- 学些新东西（学习可以提高幸福感）。
- 花点时间帮助社区里的其他人。
- 为你的下一次假期做计划（即使只是为积极的活动做计划，也能提升幸福感）。

⌖ 重新定义时间记录表

乍看上去，那些无法通过发掘或购买时间摆脱的活动，就像是一种篡夺时间的煎熬，但是，这样的时间里或许包含着你意想不到的价值。若能重新定义面对这些时间的态度，即便没法摆脱，你的看法也会有所改观。将你不喜欢但又非做不可的事项记录下来，试着思考用何种方法面对才能赋予这些时间一些价值，并将这些方法记录在下表之中。比如说，就像本章提到过的，你可以将工作中较为耗费体力的部分重新定义为一种日常锻炼。

表2-5 重新定义时间记录表

既费时又不愉快的事务有……	……但这些事务还是有价值可言的，比如……

第三章
Chapter 3

时间富裕习惯
The Time-Affluence Habit

第三章 时间富裕习惯

现在,真正考验人的时候到了。

解决时间匮乏的方法很简单,但具体的执行就两说了。你能坚持每天执行前面讲的那些与时间相关的日常行为吗?能养成习惯吗?就像减肥一样,了解方法相对简单,具体实施则要困难得多,而每天都坚持履行更是难上加难。

即便知道我们应该做出以时间为重的决策,但金钱的诱惑仍是难以抗拒的。在我所做的一项调查中,那些声称自己更重视时间而非金钱的人,仍然很少会花钱将事务外包、很少搭乘更昂贵的直飞航班(而不是较便宜的转机航班),更不会为了多陪家人而放弃升职机会。实际上,这些所谓的"泰勒",只会在 5% 的情况下做出以时间为重的决策。[1]

请让我重申一次:研究非常清楚地表明,相比于把金钱看得重于时间的人,那些更加珍惜时间的人在幸福感、健康和效率上都更胜一筹。[2] 但即便如此,我们仍然难逃关注金钱的心态,这是因为我们低估了时间的价值;我们告诉自己,明天的我们会拥有比现在更充裕的时间(事实并非如此);另外,我们还会经常低估完成每日任务的用时。我们控制不了自己,而一次次地被金钱这个"魔鬼"所诱惑。

这是为什么呢？如果我们已经拥有了指示前路的真实数据，那么，做正确的事情又为何会如此困难呢？

每一个想要减肥的人都能向你讲述这其中的挣扎。过量的糖虽对身体有害，但却极富吸引力。锻炼虽然有益，但我们却很难打起精神坚持。我们知道应该锻炼，可一不小心就松懈了下来；再说了，我们已经累得心力交瘁，何况健身房又离得那么远。大脑中的某些部分会驱使我们屈从恶念而放弃美德。各种信息也轰炸着我们，怂恿我们做出错误的选择。想要坚持，并不容易。

而时间和金钱亦是如此。在我们看来，金钱是一种占据着我们注意力的需求。相比之下，时间却是一种虚无缥缈又易于忽视的"货币"。

我们对于金钱的痴迷是深深根植于人类进化过程中的。[3] 那些成功进化、迅速发展起来的祖先学会了物物交换。然后，他们又发明了货币这种工具，从而有效促进了交易，为人类的迅速繁衍提供了条件。[4] 之所以天生就会思考、担忧和谨慎跟踪财务情况，是因为人类的成功一直以来都依赖于我们获取和使用商品和金钱的能力。[5] 一些研究人员甚至将金钱称为一种药物，因为金钱对人体产生的效果，与摄入药物后血液中产生的天然化学物质对人体产生的效果相同。[6]

为了追求金钱，人们不惜做出看似不合逻辑的情绪化的决策。举例来说，在印度，当面值最大的货币被面值较小的货币所取代时，引发了成千上万人的暴乱。[7] 除此之外，人类最为需要的友谊，也因经济地位不平等或金钱的不当使用而四分五裂。[8] 在收到金钱奖励后，即使六岁的孩子也会放弃帮助他人的机会。在一项研究中，小孩子会花更多的时间来涂色赚钱，却不愿把红色蜡笔拿给研究人员。[9]

在金钱的麻痹效用面前，想要让人重视时间，胜算似乎微乎其微。但是，我们仍可以通过一些方式逐渐擦亮眼睛，认识到时间是一种比金钱更珍贵的"货币"，也是一种比其他任何东西都更能决定我们幸福的资源。

在日常生活中将时间排在优先位置

本章和第四章旨在帮助大家内化吸收我在前两章中列举的好习惯，建立一种易于遵守的时间富裕型生活方式。以下这些策略旨在帮助你做到言行一致，切实将时间视为珍稀宝贵的资源。

为了保持时间富裕型心态，你需要采取三个步骤：

1. 说服自己相信，时间至少与金钱一样重要。[10]
2. 在面对重大决策时，莫忘自己的价值观。[11]
3. 有意做出让自己每天、每周、每月以及每年都能拥有更多时间的战略性决策。[12]

以上每一步的实践都取决于两项活动，这二者将会在你的时间富裕型生活中占据一席之地。

1. 通过认真思考来建立一种自我意识，意识到自己在做什么，为什么这么做。这看似很简单：思考谁都会。但任何行为科学家都能告诉你，为了避开不想面对或难以接受的事实，人类不惜将思绪拧巴成彭罗斯的无限阶梯。在进行这些思考时，你必须做到用心和真诚。
2. 记录你对时间财富的期望、态度、计算和你的时间计划。大量研究都证实了将信息记录下来的有效性，这一点之所以至关重要，是因为有多股力量都想要将你的注意力拉回金钱之上。[13]

以下是基于这些步骤制定的具体策略，以及帮助你打造时间富裕生活方式的各种事项。

策略一：认清你的原因

你花在《糖果传奇》或是其他手机应用程序上的时间有多少？你或许自己都说不清楚，但在打发空闲时间时，你已经养成了这样的习惯。我的习惯则是浏览照片墙（Instagram）。拖延重要但不紧急的工作时，我通常会这样做。看到我的另一半在手机上玩游戏时，我便会直接指出来。他告诉我，他根本没意识到自己在做什么，说实话，我也没有意识到自己在做什么。我们两人都将大把的时间浪费在了用手机看一些无聊的信息上。

我们每个人都有属于自己的《糖果传奇》行为，这是一种我们无意识就形成的习惯。这么做无可厚非。就像偶尔吃些甜点一样，将大脑从焦虑和压力中分离出来有助于提神。[14] 但是，当"偶尔"成为一种习惯，我们的行为也就变成了一种耗损时间的有害因素，切断了我们的人际关系，也让我们与更有质量和有助于增加时间财富的活动渐行渐远。[15]

追究具体原因

想要克服坏习惯，方法之一就是追究具体原因：我为什么要这样做？

下功夫认真思考。对自己大声说出来或许会更有帮助。接下来，你还可以提出这些问题：我想要取得什么成果？这真能为我的一天增添价值吗？最重要的是，我能利用这段时间做更充实的事情吗？

尽可能诚实地回答这些问题。带着批判的眼光看待自己和自己的时间。思考一下未来。就算某项活动此刻会让你感到快乐，但若明知这么做只是在拖延时间并为未来徒增压力时，那么可否认为你是在拿未来的时间做抵押呢？我们可以把这种做法比作甜食：当下品尝起来很美味，但如果我每天都拿巧克力当早餐，那么日后就开心不起来了；我不仅会胃疼、长蛀牙，体重也会飙升。

如果你的答案表明你真的是在远离焦虑和压力，或者你从这些活动中获得了真心的快乐，那么再继续沉浸一会儿也无妨。安心享受在《糖果传奇》里升级得分，或是在社交软件上看看你朋友的宝宝最近又有什么呆萌的举动。在继续进行其他任务之前，写出你认为花多少时间来做这件事比较合适，这或许会对你有所帮助。一张简短但写清楚具体原因的便条可能会是这个样子：

时间：周二上午9：45

内容：浏览照片墙（Instagram）

原因：上午10点有一场紧张的会议，想暂时转移注意力。

是否继续：再继续5分钟，然后为会议做准备。

通常情况下，如果你需要提醒自己想一想为什么会做正在做的事情，这是因为你能在内心深处感觉到自己并没有明智地利用时间。或许你发现自己只是因为最喜欢的电视节目（重播）自动播放而多看了一集，或因无意点击恶搞视频而陷入无尽的旋涡，抑或，你会猛然发现自己正在一家满是狗头鸟身图片的网站上流连忘返（还真有这种网站）。

如果你对这种具体原因问题的答案是："我只是在打发时间"，"其实也没有什么理由"，或是最危险的"我不知道"，那就停止你正在做的事情。把这项活动写下来，添加到活动精减清单中。

随着时间的推移，这份清单将会帮你找出那些耗费时间的活动，或许还能让你了解自己陷入其中的原因。举例来说，以下是一位朋友的活动精减清单中的几项条目。

活动精减清单：
开会前玩手机游戏
午餐前后浏览网页
早晨浏览和选择音乐服务平台声田（Spotify）的播放列表

认清具体原因后，我的朋友找出了自己在消磨时间时所做的事情，一个规律也从中逐渐清晰起来：这位朋友会漫无目的地将计划好的事项前后的时间占满。更加明智的做法是在这些时间中安排更有意义的活动，而这些活动可以从替换清单中

时间不是挤出来的，是安排出来的

选取。

替换清单：

将开会前玩手机游戏替换为：与同事聊天

将午餐前后浏览网页替换为：午餐前散步15分钟；餐后什么也不做

将早晨浏览和选择音乐软件的播放列表替换为：直接上路，让音乐软件自动选取播放列表

了解自己为什么以及何时会漫不经心地打发时间，这有助于你用更有趣味的活动来做替换。如果你会在劳累时打发时间，那就试着打个盹儿。如果是出于压力打发时间，那就把这段时间用来计划一些高效或愉快的活动。如果你打发时间的原因是出于孤独呢？讽刺的是，消极地刷脸书反倒会增加我们的孤独感，与其如此，不如给朋友或家人发短信、打电话或是直接去拜访。[16]

最后一点，在思考精减和替换事项时，请留心根据你对社交和工作的偏好来做加减法。可想而知，性格偏外向的人乐于把更多的时间花在社交上（比如外出就餐），而内向者则乐于把更多的时间花在沉思型活动上（比如阅读或写日记）。[17]

第三章 时间富裕习惯

策略二：留出（或安排）空闲时间

我发现，人们在开始发掘和购买时间时，往往会过分热衷于用愉快的活动替代痛苦的活动，甚至会用时间富裕型活动将日程表塞满。

康妮是我的一位 A 型性格 ① 的朋友，了解到一些关于快乐的科学后，她便开始一丝不苟地安排自己的闲暇时间，生怕少做了哪件事。她在周六清晨 6 点起床，尝试一个新食谱，趁着美食正在烤箱烘焙时出去慢跑，邀请一位朋友来尝新品，然后再计划到市区各处散步、做志愿者、阅读和听播客，把下午时间也填得满满当当。只是看看她在社交媒体上发的帖子，就足以让我感到筋疲力尽了。

虽然我的确提倡把更多的时间花在积极和愉快的事情上，但这并不是叫你增添大堆的活动，把自己搞得周六早晨也要四处奔波。实际上，如果把个人（和工作上的）活动一个接一个地安排在一起，不留缓冲时间，我们对这些活动的享受程度也会打折。[18] 只是把休闲活动列入日程表中，就能让活动的趣味性降低。[19] 我们连和邻居畅饮一杯都安不下心，而是心不在焉地听着对方的故事，一心盘算着能否赶上车去赴我们的下一场活

---

① A 型性格：A 型和 B 型人格假说主要描述两种截然不同的人格。更有竞争性、雄心勃勃、不耐烦、十分关注时间管理或带有侵略性的人格被称为 A 型，而较为与世无争的人格被称为 B 型。——译者注

时间不是挤出来的，是安排出来的

动。我们将自己从当下抽离，投射到未来，而对于未来事件所产生的焦虑，也在悄然窃取着我们的时间。[20]

想要防止这种情况出现，方法之一就是提前考虑甚至计划好空闲时间，即约会之间额外空出的能够用来缓冲或是休整的时间。一些研究人员提倡粗略计划的方法，也就是不与朋友定在晚上7点见面，而是定在"下班后"见。抑或，你也可以"在周日早晨的某个时间"做做园艺，而不是"8点开始，10点结束"。

空闲时间消除了硬要将所有计划完成所带来的压力，给自主自发留出了空间。这种自发性非常重要，因为过分注重效率会带来负面影响：如果谈话的效率过高，我们对谈话的享受就会打折扣。[21]将效率放在首位，会让我们更容易错过与弱联系①之间的沟通，也就是那些更可能给我们带来创意和新机遇的人。[22]

我的一位名叫迈克尔的研究对象请了几天的带薪假（为了从压力重重的工作中减压），并在这期间打破了自己通常的习惯：他不再一心趁着空闲时间打工作电话或是写报告，也不再追求以超高的效率完成购物等日常活动。相反，他专注于以一种闲适的方式利用自己的时间。一天，他临时起意去食品店购物（他很享受购物），在那里碰到了一个熟人，于是便开始进

---

① 弱联系：从互动频率来看，可以将人际关系简单划分为强联系和弱联系。其中，强联系的对象就是你的密友和搭档等互动机会较多的对象，相反，弱联系的对象涉及范围较广，但是交流互动的概率很小。——译者注

行聊天这一时间富裕型活动。这次闲聊带来了一次新的工作机会，职位也让他非常满意。如果迈克尔像往常一样追求超高的效率，只是赶着把东西买完，然后立马投身到下一个与工作相关的任务之中，那么这次谈话也就不会发生了。迈克尔觉得，这次意外的惊喜之所以能发生，就是因为他能带着开放的心态利用和享受空闲时间。

策略三：熟悉自己的日程计划思维方式

粗略的日程计划法不一定适用于所有人。当像我这种一丝不苟的人听到"下班后再见"时，焦虑感便会随之上升。计划怎么能这么含糊？！时间约得这么笼统，是不是意味着你永远没有机会和朋友在下班后小聚了？确实有这种可能。但即便这样也无妨。错过粗略安排的活动所带来的压力，要小于确保将所有安排紧凑的活动都一丝不苟地完成所带来的压力。即便你无法对"这周晚些时候"这样的松散计划做出承诺，也可以试着在正在进行的活动前后增加些空闲时间。如果工作在下午 3 点结束，而离你与朋友们会面还有半个小时，那就把会面安排在 4 点 30 分，在这期间不要再计划任何事务。

如果你仍不确定该计划多少空闲时间，也可以参考自己的日程计划思维方式来做决定。

时间不是挤出来的,是安排出来的

日程计划思维方式分为两种。

1. 时钟型人。
2. 事件型人。

你可以使用本章末尾工具箱中的问卷来确定自己的日程计划思维类型。

时钟型人的时间表,是由每天的固定时间——时钟——所规定的。[23] 他们不会仅仅因为感觉"合适"就终止某项活动;相反,如果终止,也是因为时间已到,也就是他们安排好的结束时间。这些人更有可能坚持按照惯例行事,并在工作和休闲上设立严格遵守时间的目标(比如:每天早上我都会在5点到6点之间锻炼身体)。他们也会为电话和晚餐约会制订详细的计划(比如:餐厅订位的时间设在8点15分。大家先在7点40分在酒吧碰头喝一杯)。

与之相反,事件型人则允许由事件本身来确定时间表。他们或许会安排一场会议,但却不限定会议本身的时间;会议持续15分钟还是90分钟都没什么大碍,不必考虑规定时长。事件型人不会在下午1点30分准时打电话给你,而是会在"等我吃完午饭"再打来。他们也不会太担心提前订座的问题,而是会说,"我们周六晚上一起吃晚餐吧",或是"等下班后一起从办公室走路回家吧"。

第三章 时间富裕习惯

我们绝大多数人都能适应这两种方式——谢天谢地，否则职场得一团糟。[24]但是我们都默认只会采用其中一种。所以，要仔细考虑我们默认的日程计划思维方式是否会影响、如何影响我们对时间本身及时间财富价值的衡量。[25]

如果用一种与你的日程计划思维相符的方式来安排各项活动，你不仅会感觉更得心应手，而且将计划贯彻到底的概率也会更高。时钟型人玛丽亚向我们阐述了她利用闲暇时间的方法。

> 我喜欢制订计划，同时记录闲暇时间的利用情况，确保我能从中获取最多的快乐。这个14年前养成的习惯（在我的第一个儿子出生之后），我现在还在继续。现在，我已没法想象缺少了这种习惯的生活是什么样子。记录时间的使用情况，让我和家人能够不受干扰地吃晚餐和享受公路旅行，我们把花在看电视上的时间降至最低，转而在（没有电视机的）库房里制作艺术品和工艺品。记录时间让我避免在无意之间把时间浪费在漫无目的的活动上。

如果你是个时钟型人，那么玛丽亚的做法就再合理不过了。在划定好的界限中，你的状态是最好的，同时，你也会将有助于增加时间财富的活动安排进一天的日程中——包括空闲

时间不是挤出来的,是安排出来的

时间(切记,不要安排得过满)。

然而,对于事件型人而言,玛丽亚的做法近乎本末倒置了(休闲时间也要计划安排?)。作为事件型人的特洛伊,也向我们解释了他安排闲暇时间的方式。

> 对于我而言,我的目的不在于用某种权威方式来限制自己的时间以求在时间利用上更加"负责"或是"减少浪费"。重点在于,要理解我是如何以不带罪恶感、没有压力的方式来度过时光的。我将每周用来浏览手机和看电视的时间减少了近5个小时,不必用笔记录,每个月就能省下20个小时。仅凭感觉,我就能以一种自然而轻松的方式控制(时间的)浪费。这样一来,我就可以把这些时间花在对我而言重要的事情——我和家人的目标,以及我的整体幸福感上。这20个小时很快就积少成多,为我提供了学习骑摩托入门技巧所需的时间。我一直想学骑摩托,但总觉得没有这种闲工夫!对时间更高效的利用提升了我的整体幸福感,让我每周节省更多的时间,也不再像从前那样因迫于压力而把时间花在不能带来快乐的事情上了。

这两种方法之间没有优劣之分;最好的选项,就是与你的思维模式最为匹配的那一种。无论选择哪种模式,你都需要将精心

第三章 时间富裕习惯

制订的计划贯彻到底,无论这计划的标准是时钟还是事件。了解自己的习性,然后再开始规划(或粗略勾勒)你的方法。

策略四:明确意图

所谓意图,是一种经过深思熟虑的行为,不仅会迫使我们对使用时间的方式进行思考,也能敦促我们致力于时间的有效利用。从某种程度而言,活动精减清单和活动替换清单都是意图。选择阅读这本书,也是意图的一种。

一旦与耗损时间的每日例行事务联系在一起,意图的效用便显而易见了。比如说,如果你想要阅读或聆听更多的书籍,那就可以将意图设定为听更多的有声书。但是,利用通勤时间听有声书,这样的意图则更加有效。如此一来,你就能带着时间富裕型活动的意图去对待时间匮乏型活动,从而发掘时间。如果想要动笔写一本书,那就将意图定为每周空出三次午餐时间,自己一个人吃饭和写作。想要增加将意图贯彻到底的概率,你可以在午餐盒上添加一个引人注意的提醒物,比如贴一张色彩鲜亮的贴纸。[26] 将每天必做的事项(如购物、通勤和吃饭)与意图联系起来,也能增加你将意图贯彻到底的概率,因为每次坐下来吃午饭的时候,你都会想起,可以把这段时间用来写书。

在一周伊始时写下你的意图,并在一周末了时标出完成事

117

项，这也是有帮助的。如果没有坚持下去，那就写下没能坚持的原因。如果你是个时钟型人，那就可以在周日安排一个小时的时间来计划和记录接下来一周要做的事，并在下个周六留出一个小时，回顾自己是否完成了目标。如果你是事件型人，那就可以在周日下午留出一段时间，思考你希望在下周花时间实现的重要目标，也可以粗略做好计划，在下周六早晨或是别的时候回顾自己是否实现了这些目标。[27]

如果你在贯彻第二章中探讨的方式（发掘时间、购买时间、重新定义时间）时遇到了困难，那就反思一下自己为何没能达成这些目标。有时候，是因为我们面临着客观的限制，比如老板给我们额外增加工作，或是老爸需要我们帮他修电脑。但也有可能，问题就出在我们没能把意图付诸实践，就像我们虽然制订了锻炼计划但却偶尔偷懒一样。如果你没能按计划记录时间使用和意图实践情况，那么接下来，就应该利用行为来激励自己做到言行一致。

设置奖罚的时候到了。

策略五：实施奖罚

如果你的时间习惯坚持得很顺利，那就给自己一个奖励。比如一周工作四天，这是一个比较极端的例子。这项新政策规定,如果员工在周一到周四之间将工作完成,雇主便会奖励这些员工周五休假。能够拿着全薪休假,这当然是一种有效的激励手段。虽然我们通常没法给自己放一整天的假,但在有效管理好事项的优先顺序后,在周末给自己多留 30 分钟的睡懒觉时间或是享受一杯高级红酒,当然是可行的。[28]

如果你打算因为实现时间目标而奖励自己,那就有必要留心一些关于奖励的要素。首先,我们容易重视通过努力获得的奖励,即便这些奖励没有什么现金价值。[29] 比如,事实证明,通过达到健身应用程序里的每日健身目标兑换徽章的效果就挺好,虽然这些徽章显然没有什么金钱上的价值。

静态不变的奖励会随着时间的推进而失效,比如在达到健身目标时总是到同一家餐厅吃同样的饭菜。选择难以预测或给人带来惊喜的奖励,效果会更显著。一种方法是让朋友来奖励你;你们甚至可以一起吃顿晚餐(这样一来,你的时间利用率也就更高了)。你也可以打造一种抽奖式的奖励。假如说,你连续三天坚持到下午 5 点才查看电子邮件,那就通过掷硬币来决定是奖励自己一杯还是两杯高档咖啡。研究表明,在奖励大小之间加入些许不确定性,能够提高当事人达成目标的投入程度。[30]

与因表现良好而赢取奖励相比,因表现不佳而失掉奖励所带来的鞭策要更为有效。相比于获取,失去会对我们产生更大的影响,即便在奖励不多的情况下也是如此。在一项实验中,

时间不是挤出来的，是安排出来的

相比于有机会赢得 30 美元的人，那些在得到 30 美元后被告知有可能输掉这笔钱的人的作弊概率要更高。[31] 也就是说，相比于赢取，失去的可能性更容易促使人作弊。

如果你是真心想要改变自己利用时间的方式，那可以尝试在失败时让自己付出一些代价。[32] 除了那些常用的惩罚（比如晚餐后不能吃甜点），科技也可以帮助你更有"创意"地惩罚自己。有的应用程序会在你没能达到目标时从你的信用卡里扣除 5 美元。另外一款叫作森林（Forest）的应用程序，则会在你完成目标时为你展现一棵郁郁葱葱的大树生长的动画，而在你没能达成目标时展现树木渐渐枯萎死亡的情景。通过应用程序 stickK①，你可以为自己设定目标，如果完不成，你可以通过向你最讨厌的政治候选人捐款等形式来惩罚自己（这一招很有效）。[33]

你也可以将奖罚公之于众。你可以在社交媒体上分享自己的表现，以此来约束自己。与公开的羞辱一样，将自己达成目标的决心公之于众也有很强的激励作用。充分利用融入社会的需求这种社会动机，有助于你将改变贯彻到底，而我们所追求的，也正是这种持之以恒的改变。

---

① stickK：这一应用旨在帮助人们通过承诺合约来实现个人目标，比如减肥计划、阅读计划、理财计划等。——编者注

策略六：设定默认模式

自控和施加意志力并不容易，而且事实证明，人们高估了这种做法的效用。想要在执行时间富裕型事项上言出必行，你需要设置能够产生时间财富的默认模式。这样，时间富裕就从一种选择变成了一种默认模式。也就是说，做决定就等于是选择从时间富裕的状态中跳出来。

将电子设备的默认状态设为静音或免打扰模式

如果哪个应用程序不允许你关闭通知，那就把它删掉。把电子设备的默认状态设成静音或免打扰模式，努力做到每隔三小时或在你能承受的一段时间后再查看信息等（你也可以把这当作一种体育锻炼。先坚持 30 分钟，然后努力坚持 45 分钟、一个小时，以此类推）。

在这项措施上，要有股狠劲儿。退订那些经常给你发邮件的网站。将实时通信和其他经常发来的信件转移到"稍后再读"文件夹。你或许会惊讶地发现，即使收不到通知，你也不会有什么不适。我的同事戴维斯甚至删除了手机里所有的邮箱。刚开始，他还很担心错过重要信息，但很快就发现没有邮件的感觉太轻松了！

时间不是挤出来的，是安排出来的

当我终于重新登录邮箱查看邮件时，却惊奇地意识到，这一切是多么微不足道。在过去的六个月时间里，我从未因为手机里没有电子邮件而觉得与什么重要的事情失之交臂。我觉得，如果事情真的很重要，那么对方一定会通过另一种方式找到我的。总体来说，口袋里没有东西嗡嗡震动，这感觉真是太好了。

戴维斯做了一个简单的计算。作为一名大学教师，他在开学期间每天都会收到大约200封电子邮件，保守估计，因铃声震动而查看手机的次数大约每天有40次。粗略地说，他每次受到干扰的时间会持续10秒钟，每天总计将近7分钟，或每周35分钟，在一年的工作中相当于29个小时。而这些干扰还只是来自电子邮件。此后，他严格减少了从推特、照片墙（Instagram）、范特西橄榄球[①]（Fantasy Football）以及新闻网站接收的通知（他彻底退出了脸书）。据他估计，将默认模式设置为不接收通知和电子邮件，这样一年大概能够节省出一周的工作时间。

幸运的是，技术专家们已经认识到了他们的产品对时间产生的侵蚀效应，这就又带来了一个新的市场，其中的技术，都便于人们将时间富裕型习惯设为默认状态。一款叫作

---

① 范特西橄榄球：美国橄榄球比赛竞猜游戏。——译者注

"Freedom"[①]的名副其实的应用程序,可以自动阻止用户访问让人分心的应用程序和网站,比如社交媒体平台和在线电子游戏。另一款叫作"应用锁(Ransomly)"的应用,则通过利用传感器和应用程序自动关闭房间附近的所有电子设备,以此改变餐厅等房间的默认设置,使人们不能在这里使用手机或看屏幕。在对抗科技和时间碎片化的战役中,我们最强大的武器,或许仍要数科技。

管控你的个人默认模式

你可以针对不会自动参与的活动设定一套相应的规则。对于不在计划内的活动,尤其是那些要求你为了他人的利益(或是不知谁的利益)而牺牲自己时间的活动,可将默认状态设置为拒绝。比如,对工作中某个不太重要的小项目就可以这样处理。为出差的频率设一个上限(比如每个季度一次),但同时也要明白,就像前文所说的,你或许会为了更高质量的时间而牺牲晋升的机会。同样,在私人时间上,如果你已经计划好了一定数量的社交活动,那就在接到更多邀约时,默认拒绝。

在争取时间财富的战役中,默认拒绝是一种强大的武器,但是我们绝大多数人在这方面都做得很糟糕。这是一项熟能生

---

① Freedom:意为自由。——译者注

时间不是挤出来的，是安排出来的

巧的技能。一个能让拒绝变得简单些的策略，就是公开拒绝。比如，我的几个同事已经采取了这种做法，他们会在电子邮件中设置自动回复："感谢您的邮件，按照惯例，我每天都会在早晨 8∶30 查看一次邮件。"允许干预措施的工作环境也有助于员工在远离网络时不那么坐立不安，比如允许他们在工作软件上使用"请勿打扰"功能。

策略七：识别并对抗纯粹紧急效应

有的时候，我们会在准备面试等这种较为困难又重要的事项上拖延时间，而把时间浪费在回复电子邮件等较为简单和次要的事项上。[34]

我们每个人都会遇到这种情况。在工作上遇到繁忙的一周或是碰到重要的截止日期时，我们却将收件箱的邮件看了个遍。工作越是繁忙、时间越是紧迫，我们就越会产生赶紧把事情做完的紧迫感。不巧的是，在这种情况下，我们全面把控待办事项重要性的能力也会有所下降。因此，我们会习惯性地思考一项任务是否紧迫，而非是否重要。这种行为被称为纯粹紧急效应。图 3-1 清晰总结出了纯粹紧急事件的陷阱，以及应对这种情况的方法。

想要尽量避免纯粹紧急效应，第一步就是将你的待办事项

第三章 时间富裕习惯

（你可能从第二章起就已经在记录了）在这个矩阵中标出。尤其留心记录那些回想起来纯属紧急或并不重要的事项，在日后遇到这些事的时候，尽量选择规避。

另外，你或许会发现些许规律。例如，你是否只在截止日期快到了才去完成纯粹紧急的任务，以此作为一种逃避方式？你是否会在疲惫的时候才会靠纯粹紧急的任务作为逃避呢？又有谁总是拿对自己很紧急但对你却不重要的事情来麻烦你呢？

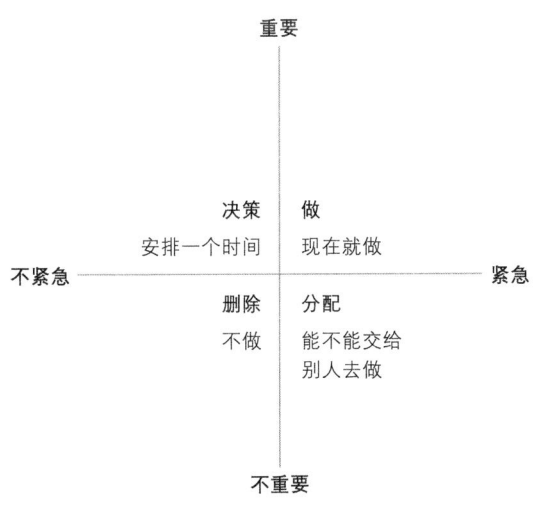

图3-1 紧急-重要时间判断

时间不是挤出来的，是安排出来的

在生活中安排主动时间

主动时间指的是为重要但不紧急的工作（或休闲）预留的时间，在图3-1的矩阵中位于左上角。[35]

一般而言，纯粹紧急的情况最容易侵占主动时间。重要紧急的事件往往很快就能被处理；而不重要也不紧急的事情则可以不予理会（关于具体的策略，前面几章的很多内容都进行过具体讨论）。

在紧急情况发生时（比如加工简历、写一份项目方案或是给母亲打电话），我们会将重要事项往后推。时钟型人会留出一个小时的时间作为主动时间。事件型人则可能计划在一天中时间较可控时再做重要的事，比如傍晚。

把你即将处理的一些优先事项标记在图3-1上。在工作领域，这指的是那些你必须做的事情。在个人生活领域，你的优先事项则更可能是你想做的事。然后，在接下来的几周里都在日程表中规划好主动时间，并在这些时间段里安排对应的任务。

主动时间是应该没有任何干扰的：这一点至关重要。在交流互动中突然出现的纯粹紧急事件，会打断你正在做的重要事项。因此在主动时间时段，请将一切让你分心的设备关闭，并在日程表上空出时间，这样，热衷于临时起意的人就不能突然向你提出意料之外的请求了。在这整段时间里，都请集中精力完成重要的任务。

一家销售公司的高级客户业务主管费莉西亚就是这么做的。每周四的上午,她都会与自己召开一次计划会;在这段时间,她会把"重要不紧急"清单上的事项分配到为接下来的一周预留的主动时间段内。在每周的周末,费莉西亚都会填写一份记录表,标出清单上事项的完成情况。

这种做法对于费莉西亚和许多与她一样的高管而言都很好用。在我们最近对一组计算机工程师进行的调查中,一些员工被随机指定为自己空出主动时间。拥有了主动时间后,他们感觉对时间拥有了更强的掌控力,也觉得自己在时间管理方面更加高效。他们感受到的压力更小,效率也有所提高。另外,他们也觉得在工作中的整体感受有所提升,这对于他们所在的公司很有益。在这些计划主动时间的人中,84% 的人表示,应该将这种方法在整个公司中普及。

想要规避纯粹紧急效应,关键就是严格遵守主动时间。不要打乱已经定好的计划,对你完成的任务进行跟踪记录。如果你因为计划外的事情损失了几个小时,那就尽快弥补。言出必行——即便你是唯一一个知道自己遵守了计划的人。就当这是关乎个人诚信的问题吧。作弊很容易,但不要犯这个错误,否则你就等于倒退回了刚开始读这本书时的处境:任务一大堆,时间却不够用。

时间不是挤出来的,是安排出来的

策略八:悠然享受闲暇时光

只腾出更多休息时间是不够的,你还要确保自己尽可能地去享受这段闲暇时光。

终于盼到孩子们上大学的一天的米格尔和妻子亚历杭德拉,决定踏上他们的梦想之旅。他们准备花三周的时间游览意大利中部和南部。这要花一大笔钱,对于这一点,两人在预先付款时已经心疼地意识到了。

事情进展得并不顺利,加上已经付出的"血本",他俩更是大失所望。由于米格尔中暑,他们错过了梵蒂冈之旅。风景如画的阿马尔菲海岸连续下了两天雨。亚历杭德拉和米格尔因为当初选择这次旅行的原因吵得不可开交,米格尔一度威胁说,他不如干脆搭乘下一班飞机回家算了。

回到美国之后,米格尔和亚历杭德拉回顾两人的照片——在威尼斯吃墨鱼意面,在蔚蓝海洋沿岸的海滩上漫步,在托斯卡纳品尝橄榄油。他们在旅途中感受到的压力原来是子虚乌有。回想起来,那些错过的机会也似乎显得不那么重要了。能踏上这次旅程,他们很欣慰。现在两人唯一的遗憾,就是旅途中太多的时间都在为金钱成本斤斤计较,而没有关注能从旅途中获得什么。

你或许也有过类似的经历。这并不罕见。研究人员发现,考虑休闲的经济价值会让我们对这段时光的享受打折,因为我们是在不停地用实际体验与主观预期的价值或理想进行比较。³⁶ 许多种类的活动也都是如此:在大自然中进行晨间漫步时,如果详细计算距离,我们对风景的享受便会减少。与为了心情愉悦而跑步相比,如果紧盯着燃烧了多少卡路里,我们从这体验中获取的快乐就会减少。当我们查看最近在看的一本书已经读了多少页时,担心是否达到了阅读目标的我们,注意力便会从故事的内容转移出来。³⁷ 每当"追踪记录"闲暇时间,或是着眼于休闲带来的金钱成本时,我们就犯了米格尔和亚历杭德拉的错误,即过分关注时间效率。我们不再品味时间,而是关注如何让我们的休闲时间过得物超所"值"。

想要享受日程表上安排的活动,就请将活动的价值与金钱和其他标准分离开来,因为这些东西无法准确衡量你当下所做事情的意义。将注意力从"这笔投资的效率有多高"的想法上移开,而是关注于当下。任何让我们从享受当下闲暇中脱离出来的行为,都会破坏这段时光的价值,也会降低我们在未来再次投身其中的概率。³⁸

简而言之,不要考虑度假或雇请房屋保洁所花的金钱成本是否值得,而是要转念想一想,能与朋友和家人共度这段多出来的时光,能够与你的另一半蜷缩在沙发上看电影,是一件多么美好的事。

时间不是挤出来的,是安排出来的

持之以恒

以上这些策略会为时间富裕型作息习惯打好基础。你不仅会发掘到更多的时间,也会更享受这些时光。

我知道,这并不容易。作为一个长期将时间放在金钱之上的人,我对这场战役的艰苦有着亲身感受。无论是在过马路(这很危险)和在餐厅就餐时,还是在肯尼亚山的山巅(海拔4500米)上,我都在电脑上打过字或接听过工作电话。在最好的朋友的婚礼当天,我竟然还进行了90分钟的工作。我也因选择工作而错过了两位亲属的葬礼。

想要积累时间财富,你就必须去做我在这些情况下没能做到的事:对自己负责。人性就是如此,即便在读完本章和想出了一套看似天衣无缝的时间富裕型策略之后,你仍可能会想要走捷径。我们是会自圆其说的机器,能够想出无数"富有创意"的方式为消极行为找借口:今天有突发情况,所以不用把完成的任务记下来了;或是我不那么介意排队或者通勤,其实在这上面花时间真没那么糟糕。有人告诉我,在家的时候,他会觉得雇人打扫的感觉"很别扭"——尽管他明明讨厌打扫,可以负担外包服务的费用,也能把打扫的时间安排在他不在家的时候进行。不久前,另一个背负着沉重时间压力的人(一位25岁的职场人士)告诉我,他"绝不能"容忍把钱花在让生活更轻松的服务上,但"花100美元买一条牛仔裤"或者"花

第三章　时间富裕习惯

200美元加入健身俱乐部"却"完全没有问题"——即便在办卡之后一次也没有去健过身。

"只作弊一次"会给人一种边际成本微不足道的错觉。在我们没有感觉背负沉重时间压力的轻松时刻，合理化的借口尤其容易乘虚而入。[39]周六早晨在沙发上放松时，虽然接下来的日程表满满当当，但我们还是很容易将"一会儿没空打扫房间"的想法抛之脑后。在晚间与朋友小聚时提及堵在长龙车队中的痛苦，仿佛并没有当下体验时那么糟糕。但当我们不得不打扫房间或开车去上班时，这实实在在的痛苦却会对我们的幸福和健康造成巨大的损害。

即便是那些在时间利用上做出积极改变的人，也会一不小心过早地肯定自己并重回旧习：现在我已经掌握了权衡金钱和时间的诀窍，不必再继续跟踪记录使用时间的情况了；或是：在下次全家度假时，我只会在手机上查看几封邮件，肯定不会有什么大碍的。在努力实践健康饮食的时候，只坚持了几天，我们就觉得理应好好款待自己了。[40]于是，我们便一口气点了汉堡、奶昔和薯条。只要找一次借口，我们就更有可能再找借口，如此重新陷入坏习惯中。

• • •

在这一章中，我们以锻炼和健康饮食作比，描述了想要逃离时间匮乏、过上更加快乐的时间富裕型生活所要付出的努力。这种比喻非常贴切，但对于本章最后的这部分内容而言，却稍有瑕疵。

我非常想要告诉大家，长期坚持时间富裕型的生活方式，会给你和其他人带来明显看到的效果。锻炼会让你更加健康，朋友们会注意到你的积极变化。而时间上的改变却很难立即被人注意到。即便如此，变化却是切实存在的。这是我亲眼看到的。微笑与欢笑越来越多，疲劳的黑眼圈渐无踪影，与伴侣、同事和孩子之间的冲突也越来越少。

无论你和他人目睹到的效果是什么，我敢保证，只要养成了时间富裕型生活方式，你就会有切身的感受。[41]

工具箱：设立意图和计划并贯彻到底

◯ 时间富裕型生活方式清单

回顾一下养成时间富裕型生活方式的八种策略。

1. 认清你的原因 发现自己正在浪费零碎的空闲时间时，问问自己为什么要做这件事。你是真的乐在其中，还是在拖延做其他事？

2. 安排空闲时间 读完这本书后，不要大张旗鼓地试着把所有空闲时间都安排得满满当当，不留一刻空闲时间。研究表明，对空闲时间规划过头可能会适得其反，因为这会让人感到休闲活动与工作无异。请务必在休闲活动和会议之间留出或安排空闲时间。

3. 熟悉自己的日程计划思维方式 人们通常会从时钟时间（高度具体，以一天中的时间为标准，如"下午1点到2点15分"）或事件时间（不那么具体，以粗略的时间范围为标准，如"下午3点左右"）的角度来对待时间。了解自己的时间类型（详见工具箱后文的问卷），有助于你以一种最有可能增加时间财富和快乐的方式来规划自己的时间。

4. 明确意图 想要将任何一个新目标坚持到底,就要使用一些有助于持之以恒的策略。打造意图,就是指找出增加时间财富的人物、条件、地点、时间以及方法,并将意图记录下来。

5. 实施奖罚 在将意图落到实处时奖励自己,在做不到时实施惩罚措施。请记住,有不确定性的奖励要比静态不变的奖励更能让人产生动力,而失去往往要比得到更让人不安,因此在坚持不下去的时候,用惩罚威胁自己或许是最有效的。

6. 设定默认模式 将科技设备设置为不再发送即时通知或不再产生干扰的状态,从而便于自己投身时间富裕型活动。同时,你也可以将时间富裕型行为设定为默认的"模拟"选项,比如,为每年的出差次数设定一个上限。

7. 识别并对抗纯粹紧急效应 认清紧急任务和重要任务之间的区别。试着将注意力集中在重要的事情上,而不是关注那些纯属紧急的事件。

8. 悠然享受休闲时光 专心享受休闲时光,而不是纠结于你从这些休闲活动中的收获是否"物有所值"。

了解自己的日程计划思维方式

在对待时间的态度上,有两种类型的人:时钟型人和事件型人。二者之间没有优劣之分,但了解自己的类型有助于你了解如何规划自己的时间。想要知道自己到底是时钟型还是事件型，你可以测试自己对下列每条事项的认同程度，1 表示一点也不认同，7 表示非常认同。

表3-1 日程计划思维评分表

	事项	分数
1	在指定时间范围内有一项以上的任务需要完成时，我通常只在对当前任务完成情况满意后，才会继续进行下一项任务	
2	我通常会根据优先顺序来安排一天（或一周）的任务	
3	只要完成的任务质量高，我就不会介意完成任务所用的时间长短	
4	只有在完成了前一个事项之后，我才会继续着手进行一天中的下一事项	
5	我会根据时间来决定是否继续着手下一事项，即使这意味着中断眼下在做的事	
6	在执行没有时限的任务时，我会根据时间来调节自己的速度	
7	如果某项任务包含多个事项，我会首先确定在每个事项上花费的时间	
8	如果为某项任务制订了时间表，我通常会遵守计划	

续表

	事项	分数
9	需要一次完成多个任务时,我通常会根据时间决定是否着手下一项任务	
10	在需要完成一项任务时,我会根据任务的截止时间决定何时着手处理	
11	在需要完成一项任务时,我会在觉得有空余时间时着手处理	

将时钟型问题事项的得分相加:5,6,7,8,9,10
将事件型问题事项的得分相加:1,2,3,4,11

你在时钟型和事件型领域中的得分,表明了你的倾向以及倾向的程度。如果你的得分大致持平,请认真思考自己的行为会在哪种情况下更偏向于二者之一,问问自己,有没有机会对工作内外的时间进行更合理的安排。

具体原因记录表

利用下方模板来跟踪记录你的日程活动,坦诚面对自己的时间利用情况。带着批判的眼光审视自己和自己的时间,同时也要稍微引申到未来。即便某项活动在当下给你带来了快乐,但是,如果明知当下在做的事情会让你面对更多的焦虑,那么你是否在拿未来做抵押呢?最后,如果你确定某件事情没有价值,那就可以考虑将之加入活动精减清单中,然后再列出可以用来取代前者的时间富裕型活动。

时间:(我是在何时注意到这项活动的)

内容:(活动内容)

原因:(进行这项活动的原因)

是否继续做?（是或否；如果继续，要继续多长时间）

拿什么取代?（新的活动）

明确意图

所谓意图，就是你布置给自己的、在一天中多进行时间富裕型活动的任务。将记录意图视为制订一份时间富裕型的日程表。每隔几周就拿出一些时间（时钟型人可以定好一个具体时间；事件型人则可以留出某段时间），往接下来一段时间的日程表中添加利于你更有效利用时间的事项。在下一次检查进度时，看看自己是否完成了想做的任务，如果没有，那就看看为什么没能做到。寻找那些揭露你为何没按计划完成某些任务的规律，并针对如何完成这些任务制定一套对策。

制订计划的用时：

计划任务数量：

完成任务数量：

哪些任务是我没有完成的？原因是什么？

遵守计划的对策：

时间富裕型活动

活动：

何时完成：

如何完成：

与谁一起完成：

运用的策略：

第四章
Chapter 4

从长计议
The Long View

第四章　从长计议

每一天，你都要做出数百个当下就可以掌控的时间决策。你可以放下你的手机，不再纠结午餐点什么菜，取消会议，在河边散散步。你可以打电话给朋友，关掉电视，锻炼身体，关上电子邮件，专心听播客。在本书之前的内容中，我们一直在重点讨论这些瞬间与行动。

尽管如此，一些行为却是另一类决定带来的结果：多年前在人生观上做出的某个长远决策，或许时至今日仍对你利用时间的方式产生着影响。举例来说，从一定程度来看，选择一份工作就是选择一系列活动，而这些活动，或许会迫使你陷入时间匮乏的旋涡。决定住在哪里以及与谁同住，对时间财富的影响或许会持续到租期或房贷到期。有了孩子，你就必须承担一定的时间义务：既然已经确定要在照顾孩子上投入更多时间，你是否就该从其他方面发掘时间呢？

虽然在日常生活中养成合理利用时间的习惯非常重要，但重大决策和人生规划对时间财富的影响也同样值得考虑。你需要放眼未来5～10年的时间，思考重大的人生抉择会对你的时间选择产生怎样的影响。

这一章的目的并不是要颠覆你的生活，也不是要鼓励你改变过去所做的重大决策。举例来说，如果你刚刚买了一幢房子，那就不大可能为增加自己的时间财富而把房子立马卖掉。相反，这一章的目的，是要探索重大生活决策和我们对时间的长远规划方式之间的关系本质。这样一来，当新的人生抉择出现时，你就明白如何用有利于时间财富的心态来处理了。

职业选择

从踏入职场的那一刻起，我们就开始"密谋"如何与自己的时间为"敌"。有关工作的决策，尤其是职业早期的决策，会让我们染上一系列注定会让自己陷入时间匮乏泥沼的习惯。这些决策不仅影响着我们一生的轨迹，也影响着我们一生的时间财富。[1]

特德正面临着一个所有职场人士都要在某个时刻面临的重大人生决策：是否该换工作？大学毕业之后，特德已经在零售管理领域工作了五年。家里有妻子和一个四岁的女儿，有一份房贷，还有许多其他的开销。对于他来说，接受减薪并不容易。但即便如此，他还是觉得自己的工作"就像流沙"。就像他解释的："越想挣脱，我就陷入得越深。"他感谢自己能有一份工作，但却觉得不断提高销售额所带来的负担与压力简直让他抓狂。在未来两年内，他有望在目前职位的基础上再升一步。他明白，更换工作就意味着减薪，但他想要拥有更多的快乐，也希望从事客户经理这种自己更喜欢的职业。

大家可能已经看清了这个选择的本质：是接受一份更快乐但薪水较低的工作，还是待在目前的工作岗位上，任由晋升之路榨取大量的时间、带来更多的压力。

人们在生命的不同阶段会有不同的优先考虑事项。或许你有大量的贷款要还，觉得必须靠从事不喜欢的工作来额外赚些钱，即便这会让你牺牲大量的时间甚至让幸福感打折。这是我们做出时间匮乏型决策的一个原因，除此之外，还有其他的原因。但重要的是辨清决策带来的后果，只有这样，你才能明确做出这些决策可能对你的生活产生的影响。我们从研究中了解到，年轻人极有可能在能够获得的工作中选择报酬最高的那一份。而我们也知道，他们并不一定会因此获得更多快乐。[2]

在最近的一项研究中，我和同事们对1000多名即将毕业的大学生进行了跟踪调查，并利用我在序言中要求大家完成的同一套泰勒和摩根的问题，来判断他们通常会优先考虑时间还是金钱。另外，我们也询问了他们的生活满意度和日常幸福感。两年之后，我们又向他们提出了同一组关于幸福的问题。

两年之后，即便考虑到学生们在这项研究之初的幸福程度，那些将时间放在优先位置的学生也还是要比优先考虑金钱的学生更幸福。更重视时间的学生为什么比更重视金钱的学生更加幸福呢？毕业后，这些学生从不同起点出发，做出了自己最初的职业选择。无论选择进入职场还是攻读研究生,优先考虑时间的学生表示做"自己想做"而不是"必须做"的事情的概率都要更高。

更重要的是,根据优先考虑时间的人的回答,他们之所以更快乐,并不是因为工作时间更短或赚钱较少:许多更注重时间的人都表示自己每周要工作50~60小时,而且对经济状况也很满意。然而,通过选择时间富裕型活动、做出时间富裕型的职业决策,这些人踏上了一条着眼长远的道路,不仅在途中收获了有意义的工作,也能为朋友、家人和爱好腾出时间。[3]

这些研究结果意义重大。在选择工作时,大多数人都过于关注薪水和声望这些容易衡量的指标,而没有足够关注我们为工作所付出的时间的价值,或是这份工作对于利用业余时间的影响。从一定程度来说,之所以这样做,是因为我们高估了财富对于改善生活的效用。[4]

财富的谬论也可以延伸到工作报酬。在职工们看来,工资、保险以及包括退休计划在内的其他现金福利,能从根本上决定他们的工作满意度。但实际上,他们高估了金钱的价值。[5]

与此同时,他们也低估了灵活的日程或较短的通勤距离对于让时间变得充裕的作用。我们的分析发现,与更高的薪金相比,社会经验和带薪休假等非现金福利会对工作满意度带来更大的影响。在其他条件相同的情况下,如产假、弹性工作时间和病假等围绕时间的福利对于工作满意度带来的积极作用,要

第四章 从长计议

比年薪 4.8 万美元的人获得 3.8 万美元的额外提薪还要大。请认真思考这个问题：一系列时间富裕型福利对于工作满意度的积极作用，竟然与加薪 79% 的效果相当。即便在对收入、年龄、性别、教育、行业、公司规模、雇用性质和公司收入等因素进行控制之后，这些结果仍然成立。[6]

在我的研究之中，那些看重时间的学生与他们关注金钱的同事们所选的职业道路也有所不同。看重时间的学生更有可能继续攻读研究生，相反，关注金钱的学生则更有可能从事全职工作或攻读商科学位。在这项研究中，相比于选择的职业，选择职业背后的原因对幸福感所造成的影响要更大。无论这些学生的父母富裕与否，结果都是如此，而这，也让注重时间是因为财力使然的理念不攻自破。

需要注意的一点是，这项研究是在加拿大进行的，而加拿大学生在毕业时所背负的债务没有美国学生那么重。但在债务负担较高、贷款对年轻职场人士条件苛刻的地区，研究的结果或许就不会如此明显了。这并不是反对时间富裕型决策的理由，反而是一个信号，表明在加拿大之外的国家或地区，机构和政府也可以调动更多资源，让人们有能力以时间而非金钱作为职业选择时考量的标准，因为这至少会在两年后让这些机构和政府收获更幸福、更高效也更加忠诚的员工。这一点，我会在第五章再做讨论。

我想，除了涉及到第一份工作的决定之外，这些研究结果还同样适用于其他很多方面。我们很容易在职业生涯的中期紧盯金钱，想依靠金钱来为生命赋予我们的一切买单，比如大学学费、房贷、孩子的抚养费。我们很可能已经拥有了自己的事业，感觉自己被紧紧套牢。我们或许不会轻易搬到城里居住，也不会找一份薪水较低但时间灵活的工作。但我们至少能够理解，以金钱为中心的决策并不总能增加我们的幸福感。当我们告诉自己没错，每天上下班要花 4 个小时，但是薪水每年要多 3.6 万美元的时候，我们应该意识到，自己的时间或许比金钱更有价值。

我们在上文中已经认识了的特德，选择继续待在那份压力巨大的工作中。两年之后，他收获了更高的薪水；但他也离了婚，过着郁郁寡欢的独居生活。职业选择摆在你的面前时，当人生中这关键的十字路口在你面前铺开时，请务必想一想，如果选择拥有更多的金钱而不是更多的时间，你的人生可能会失去多少色彩。

选择居住地

通勤让人头疼，而且这股趋势愈演愈烈。美国的平均通勤时间是单程 26 分钟，比 20 世纪 80 年代增长了 20%。一些"通勤超人"上下班单程至少要花 90 分钟的时间。[7]我在第二

第四章　从长计议

章中已经为大家权衡过利弊。通勤超人们会在高压且恼人的交通堵塞中消耗数周的生命。在一个研究项目中,一位参与者抱怨说:"每天的通勤是我最讨厌的事情之一。我已经开始惧怕这种每日的固定程序了,每天的早晨和傍晚,我都要为自己加油鼓劲,才有勇气赶赴这场感觉注定要以失败收场的战役。"[8]

通勤指的是工作与家庭之间的那段空间和时间。[9]通常来说,糟糕的通勤是我们对某种工作和某种家庭的渴望脱节所带来的副产品。我们渴望位于集中经济区的好工作,也渴望距离工作地点至少有一段车程的大房子。[10]

我已经讨论过了人们对于高薪工作的渴望,以及人们为何倾向于高估薪水和奖金对于幸福的价值。[11]在住房上,对于身份和物质的关注,往往会驱使我们渴望居住在距离工作地点较远的大房子里。[12]在这一点上,我们又一次低估了生活和工作之间的脱节带来的时间损失。

讽刺的是,我们对于某些住房的渴望,是围绕着经济上的可承受性来构建的,但实际上,为了省钱而选择住远一点导致的长时间通勤,却让我们在时间(和幸福)上遭受了巨大的损失。在决定居住地时,绝大多数人关注的是房子如何,而不是房子将会带来怎样的生活。[13]

通常情况下,住得更远时,花同样的钱买到的房子也更"物超所值",但即便是这个人尽皆知的说法,也透露着一种以财务为中心的观点。真实的情况是,无论你通过金钱获得了

时间不是挤出来的,是安排出来的

什么实惠,都可能在时间上付出代价。

面对这种决策时,将之重新定义为在房子和时间之间进行权衡,会对你有所帮助。我们来举一个例子。你可以搬到郊区,花40万美元买一幢面积250平方米、五间卧室、附带一个大后院和车库的房子。通勤的时间是单程75分钟。或者,你也可以搬到一套面积130平方米、三间卧室、附带私家车道但没有车库和后院的市区的公寓,但这里有一座步行很短时间就能到达的公园。且价格也是40万美元。上下班开车10分钟,也可以选择骑自行车。

如果搬到市区,付出的金钱相同,但你要失去两间卧室、一个后院和一间车库。可是,你也会因此一年多出22天的时间(500多个小时),可以用在通勤之外的事情上——假设你计划在那里居住五年的话。因此,在做出购买决定的时候,你要考虑的不是在两个地点花钱购买几间卧室,而是多出的两间卧室、一个后院和一间车库是否能值得你在未来五年在通勤上耗损110天的生命。你是否愿意拿出60个月中的3个月——也就是5%的时间,来换取两间卧室、一个后院和一间车库呢?

虽然很多人都期望等到"黄金岁月"[①]到来之后再与通勤诀别,但这个例子与我的研究都表明,我们现在就需要认真考虑

[①] 黄金岁月:指六十岁以上的岁月。——译者注

第四章 从长计议

告别通勤、选择离工作地点更近的地方居住或是在离住所更近的地方工作。如果你现在不能搬家，那就在条件允许的情况下至少偶尔在家工作。对于那些每天上下班途中花费约一个小时正常通勤时间的人来说，只需每周在家工作一天，一年就能立马省下两天的时间。

我发现，居住地的选择所牵扯到的，不仅仅是房子的面积和草坪。学区、家庭、伴侣的工作以及我们对周围环境的整体偏好，都在这个重大的人生抉择中扮演着重要的角色。我的目的并不是指在离工作地点更近的地方买小一些的房子，或是选一份离家近但薪水低的工作。做这种决定反而挺简单，也很容易有正确的选择。

我想要做的是为大家提供足够的条件，让大家从以钱换物的偏见中走出来。反之，请从以时间为中心的视角来思考你的选择。如果短期内你不能在住房选择上做出明显积极的转变，那就可以使用第二章讨论的策略，让通勤变得不那么痛苦。你可以听听你最喜欢的播客、冥想或是为接下来的一天做计划——甚至可以稍稍破费、偶尔使用拼车服务上下班。

如此一来，当你的人生翻到下一篇章之时，你会用不同的视角来看待有关居住地和工作地的决定，并且很可能做出一个增加幸福和时间财富的全新选择。

时间不是挤出来的，是安排出来的

为时间做规划

这本书中有大量有益于增加时间的策略供你选择。你或许已经开始迫不及待地往日程中添加各种时间富裕型活动了：每周四下午 4 点到户外散步；每周六上午 11 点给父母打电话；每周五在拼车上班的途中听播客。如果你的性格属于 A 型，那就或许早已用大量益于时间财富的活动将日程填得满满的了（同时，就像我在第二章中提到过的，也别忘了留出空闲时间）。

太棒了！就这样继续坚持下去！但是（你们肯定料到我一定会转话锋），想要在数周、数月甚至数年的时间中安排时间富裕型活动，那就要用到额外的策略了。想要将时间富裕型活动坚持下去，你必须将多样性和自发性考虑在内。[14]

我们往往会低估新鲜事物所带来的快乐会在多短的时间内消失殆尽。[15] 让我们回到饮食的类比上。如果我们规定自己早晨 6 点喝蛋白质饮料，下午 1 点吃菠菜沙拉，那么，想要坚持天天如此，就会难上加难。

利用多样性

当我们将时间花在多种多样的活动上，而不是重复类似的事情时，便会感到效率提高、压力减少、幸福感增加。相反

第四章 从长计议

地,重复做一件事或在一件事上花费太多的时间,却是制造压力和不快的源泉。一些数据显示,相比于那些与人共处时间少于3小时的人,那些每天与他人共处时间超过这一时长的人的压力更大、幸福感更低。[16]

在另一项调查中,研究人员会在一天的各个时段给人们发送短信,询问他们在做什么和有多快乐。回复说身边有其他人的概率超过60%的人,无论他声称从他人的陪伴中获得了多少快乐,都会表示压力较大而幸福感较低。即便是性格外向的人,也需要偶尔从他人的陪伴中抽离出来。[17]

这一点不难理解,好事过犹不及。[18]你需要从精心策划好的时间富裕型活动中抽离出来,才能充分认识其价值。如果每时每刻的目的都是要最大限度地从时间中榨取幸福感,那么这些时刻便会意义尽失,甚至连"谋生"这一层功能也被剥夺了。

在生活中安插时间富裕型活动有积极的意义;尽量增加活动的多样性,避免落入例行公事的窠臼。正如我们在第三章中讨论过的,允许一些随机的、自发的活动也很有意义。如果我们过于坚守计划,就有可能错过创造幸运的机遇。英国赫特福德大学的心理学教授理查德·怀斯曼(Richard Wiseman)发现,区分幸运者和不幸者的一个关键因素就是,幸运者愿意打破常规和保持开放的心态。[19]

在理查德·怀斯曼的一项实验中,参与者需浏览一份含有图片的报纸,并数出图片的数量。报纸的第三页上有一则广

时间不是挤出来的，是安排出来的

告，上面写着："别数了，这份报纸里有 43 幅图片。"几页之后，另一则广告赫然在目："别数了。告诉研究人员你看到了这则广告，赢取 235 美元的奖金。"幸运的人——那些不只言听计从、仍然埋头计数照片的人——赢取奖金的概率会更大，因为他们对待这项任务的心态更加灵活和开放。[20] 用理查德·怀斯曼的话来说："幸运的人喜爱尝试新事物。而不幸的人则墨守成规，直到把每个角度都尝试过才放弃，到那时，一切已是时过境迁。"正如这项研究所强调的，在生活中留出时间尝试计划之外的事情，很可能会带来相应的红利。

学会说"不"

如果我们对日程计划得过于严谨，把时间套牢在事先定好的事情上，便可能会错过改变职业和生活必不可缺的机缘巧合。放一下午的假，让心血来潮的对话、出乎意料的会面和异想天开的决定充满着这段时间，也颇有一番价值。但是，我们不能总是这么由着性子来。我们不能将每一个建立人脉的机会和每一场谈话都应承下来。如果这样，我们的日子就会被各种令人分心的事务占据，也会落入只优先处理眼前事务（紧急但不重要的事务）的陷阱，却忽略了真正重要的事情（不紧急但重要的事务）。针对这些占用时间的需求，我们需要制定长期的应对策略,并重点关注如何有效拒绝。

在解决这种两难问题上,莫妮卡有一个独特的对策:接受所有谈话的邀约,但在采取行动前则要三思。莫妮卡经营着一家专业小型营销机构,雇有大约20名平面设计师和文案宣传发行人员。她总有一种感觉,那就是如果想要发展新业务和管理团队,自己就必须一刻不停地工作。在时间上捉襟见肘的她,阅读了大量关于时间管理的自助书籍。这些书中的绝大多数都在提倡制定一种策略:学会说"不"。

刚开始的时候,莫妮卡认为,说"不"是理所当然的事。她认为,当人们发邮件询问我的服务的相关事宜时,如果销售任务已经完成,我就会斩钉截铁地拒绝与对方交谈。如果对方想要聊聊打理小公司的事宜,我也准备了一个固定答案,告诉他们我为什么爱莫能助。但是,在把那些真心想和她沟通的人打发走时,她总会觉得心中有些愧疚。

在上了一节即兴表演课后,莫妮卡改变了自己的策略:即兴表演的特点在于,强迫参与者对他们面对的所有想法全盘接受,并想办法借题发挥。[21] 为了在生活中引入自动自发而充满惊喜的时刻,她决定接受他人第一次提出的谈话邀约。与此同时,她也规定自己要拒绝任何超出谈话之外的活动。另外,她还将所有因此衍生出的"信息交换会"安排在周三或周四。这不但能在每周朝九晚五的辛苦工作中间增加一份调剂,也不会让她在完成客户项目等重要但不紧急的工作时分心。

时间不是挤出来的，是安排出来的

随着时间的推移，莫妮卡的业务和社交网络不断扩大和发展。尽管她非常小心，不会接下让团队应接不暇的工作，但以开放的心态接受谈话的邀请，也让她拥有了更多时间建立意料之外的人际关系。其中的一次谈话促成了她与另一家设计公司的合作。另一次谈话则让她雇用了一位前途无量的设计师。还有一次，一个打电话找到她的人，最后成为她手下员工配偶的客户。

莫妮卡是这样解释的。

就像我在即兴表演课上学到的，通过接受每次谈话或每个想法，我也将更多的成功带入了生活之中。要问最棒的收益是什么，这些成功不仅让我受益，也为与我共事的朋友们带来了好处。通过这些谈话，我帮助员工和他们的伴侣找到了新的工作，在市场上发现了尝试全新和不同工作的机遇，也发掘到新员工来挑起之前的我只能梦想完成的工作……因此，我现在的原则是接受创意或谈话，而对具体实施则大多拒绝（除非项目或利润率好到无法推却的程度）。但当我遇到无力接受但又很有趣的项目时，便会考虑公司的同事或是我的朋友能不能从中受益。然后，我便会把机会介绍给他们。这样一来，不但我不会感到应接不暇，那些与我共事的人也得到了一个有意义的机会练手。

第四章 从长计议

行为科学是莫妮卡时间利用策略的基础。将任务委派给别人，不但能够帮助我们处理工作量和更好地控制时间，也能让我们周围的人感觉受到我们的重视。[22] 除此之外，助人为乐也能让我们心情愉悦。[23] 为资历较浅的同事提供对他们而言有重要意义的机会，同时也让我们投入一种亲社会的行为之中。帮助他人时，我们也是在帮助自己。

然而我们不难看出，这种方法也有失控的可能。开放的心态能够扩大你的人脉，这也意味着有更多人会要求与你交谈，到了一定程度，即便只是谈话的请求，你也不得不予以拒绝。同时，你也需要一定的策略，才能拒绝得委婉妥善。

别用时间当借口

告诉对方你太忙，这样拒绝他人的方式似乎顺理成章。不幸的是，与时间相关的借口会带来巨大的社会成本。我的同事和我发现，在他人的眼中，与不用时间当借口的人相比，那些找这些借口的人不大讨人喜欢和值得信赖。[24] 这是因为，人们认为时间是受我们自己控制的：我们所有人，甚至世界上最繁忙的人，每天都同样拥有 24 个小时的配给。不把时间用在他人的请求上，在人们看来，这似乎是一种个人做出的取舍。

相反，对于那些使用与金钱或精力相关的借口拒绝请求或

时间不是挤出来的,是安排出来的

是根本不提理由的人,被拒一方的反应却积极得多。因此,如果你必须对一次谈话、一场会议或是老板、同事的请求说"不",那就试着明确表示,原因是你个人无法控制的事情,比如对家庭的责任或意料之外的旅行。

争取更多时间

与其拒绝,你可以请求延长截止日期,让自己有余裕时间接受请求。在工作中,截止日期是时间压力的主要来源。将有调整空间的截止日期往后推,这是一种简单而有力的工具,也会让你在处理日程安排时更加游刃有余。这听起来很简单,但我们往往会对要求延期避而远之,以免给别人留下能力不足或不够上进的印象。

我的数据表明,我们的这种担心实属多虑。[25]只要我们在截止日期之前要求延期完成任务,绝大多数的管理者在收到我们请求时,反倒会觉得我们干劲儿十足。你的同事或管理者很可能会二话不说地帮你延期。与之相反,在灵活的任务上,背负着巨大的压力却不敢要求得到更多的喘息空间时,我们最终提交的工作成果也不会理想。我们感到气馁,也会让同事和管理者失望——而这,正是我们想要努力避免的。

另一种延期的方式是申请几天的假期,从而减少压力,也

第四章 从长计议

确保用良好状态来面对工作。倦怠会使工作质量受损，也会让员工士气低迷。[26] 对于雇主来说，几天的带薪假期要比你的失败或因受挫而辞职更可取（而且成本也更低）。[27]

旺达就是一个正在面临这种压力的人，她向我透露，在肿瘤医生办公室做助理的工作压得她喘不过气。她本来只需每周工作四天，但为了应对日益增长的需求，她经常要工作五天。她没有时间休息，在周末和节假日往往也要加班。已经成年的女儿莉娅问旺达，为什么不能要求雇主为她的加班时间支付薪水，或至少请几天的假。"我不想给老板添麻烦，"旺达告诉她的女儿，"我知道她有多忙。"实际上，旺达担心的是她的老板会将这种请求当作一种信号，觉得她无法胜任工作；旺达担心自己会在几乎没有其他就业选择的时候面临被解雇的命运。

几个月后，莉娅发现精疲力竭的旺达泪流满面地坐在客厅桌前，绞尽脑汁地想在两人外出共享周六早晨时光之前挤出几小时的时间工作。

旺达受够了，但她仍不愿提出加薪或请几天假的请求。她打算辞职。莉娅走进客厅时，旺达正在写辞职信。莉娅想要采取一种不同的措施。她建议旺达和她一起写一封情绪不那么激烈的邮件。

在邮件中，莉娅帮助旺达陈述了她每周要在没有任何补贴的情况下额外工作 8 到 10 个小时的事实。旺达表示，要么为这些工时拿到补偿，要么在假期里加上五天带薪假期，以便在

时间不是挤出来的,是安排出来的

长时间工作后休息和恢复体力,这些都不是过分的请求。

她的老板很快就回了信。她完全不知道旺达加了这么长时间的班。她告诉旺达,从今以后再出现任何加班的情况,都可以把账单寄给她。另外,旺达也立即得到了五天的带薪假期(还有一张水疗礼券)。老板告诉旺达,在她享受假期的时间里,她会另找一位助理来顶替。她们两人还安排了一次会议,讨论是否可以再雇一位兼职助理,每周帮一天的忙。

事实证明,旺达对于遭拒的恐惧是多余的,她也无须担心老板会因此而失望。在我进行的有关时间富裕的采访中,绝大多数人都没有想到,在工作中,我们完全可以像要求加薪一样要求得到更多时间。

然而,雇主往往不会告诉员工最后期限是否灵活或员工是否有权要求带薪假期,这是一种很不妥的做法。因此,底层员工和女性这些最缺乏时间的人,反而不会要求争取更多时间。但是,这些人恰恰是最该争取时间的。多年来,谈判学者一直在研究员工要求加薪的最佳方式;同样,员工应该积极地争取更灵活的时间。[28]你或许会惊讶地发现,管理者是多么乐意接受你的请求。实际上,失去一个员工的成本远远高于批准短假或适度加薪。就像旺达不希望离职一样,旺达的老板也不希望旺达离开。她的老板真正想要的,是让旺达将她的工作管理得井井有条,同时也让旺达在一份热爱的工作中收获快乐。

当然,在一些工作环境中,领导者并不愿意灵活安排时

第四章 从长计议

间，也不愿认真思考这样的请求。如果你正在寻找工作，那就一定要事先问清这些政策，并以怀疑的眼光去审视那些从不考虑这些事宜或对你的时间问题一头雾水的公司（因为这表明这些公司并没有充分考虑到你时间的价值）。尽管如此，随着人才争夺战愈演愈烈，在不同的行业中，愿意在时间问题上考虑员工需求的公司数量也在不断上升。协助员工过上时间富裕的生活，也可以成为招聘中的一种利器。

评估机会成本

为了让拒绝变得更加容易，请提醒自己切记选择接受所带来的机会成本。答应和一个想跟你建立联系的人一起吃饭，就是同意花上60分钟的用餐时间，外加往返餐厅和寻找停车位的时间。如果你准备花费两个小时的时间，那就该问问自己：我本来可以拿这段时间做些什么呢？这顿饭会对之前和之后的时间带来什么影响？这顿饭会不会逼你赶着完成任务？为这顿饭做计划是否增加了你的压力，又是否影响了你在饭后的工作？

同样，出差所牵扯到的也不仅仅是你离开家的那段时间。出差的前一天，你必须洗衣服（30分钟）、熨衣服（30分钟）、收拾行李（20分钟）并思考出差中的工作计划（60分钟）。也就是说，在出差开始前，你就在上面花费了2.3个小时。[29] 行程的第一天,你要在去机场的途中损失一个或一个多小时,从机场到目的地也要花费时间(40分钟)。到达之后,等待着你的是数量超乎预期的会议,很可能还要赶乘红眼航班飞回家——如遇延误,你便会在第二天感到筋疲力尽。[30] 翌日,整理行李和重新适应平日作息又要花费更多的时间。

在查看和安排接下来几个月的日程时,请务必将你应承下来的活动所附带的时间成本包括进去。写下5~10项你因为这些时间成本而没法做的事。如果你经常出差,那么回到家的第一天,你或许没法在心理上为照顾孩子腾出空间。你会错过全家一起的早餐、电话交谈和孩子的公开演出等。你也会错过与伴侣共度的慵懒夜晚,或是没法与密友在酒吧尽情放松。

短暂的午餐、晚餐和出差看上去无伤大雅,但从长远来看,这种做法却会对你的社会关系和健康造成重大损失,值得我们花时间深究。有的晚餐不吃不行,有的差也非出不可。但是,学会拒绝,即便只是一年多说几次"不",也足以带来积极的改变。

根本原因

第三章中,在为更有益于时间财富的生活方式制定策略时,我曾经告诉大家向自己提出具体问题。此时此刻,我为什

第四章 从长计议

么在做这件事？现在，我想让大家思考根本原因，这个问题所关注的是你的长期价值观。这个涉及根本原因的问题是：为什么将时间排在金钱之上对我而言这么重要？

这个问题的答案会激励你不断努力更合理地利用时间。答案或许并不简单，也可能随着时间的推移而变化，但定期反思，是非常重要的。

正如我在第一章中分享的，之所以不擅长将时间摆在金钱之前，部分原因是我出生在一个工薪阶层家庭，在那个环境中，充斥着一种将增加收入放在首位的心态，休闲等于偷懒的理念也深深烙在了我的心头。随着年龄的增长，我已开始重设思考时间真正价值的方式——具体的方法，便是详细记录时间的使用情况、为拥有更丰富和更优质的时间担起主动权以及找到根本原因的答案。

对我来说，这个问题的答案，与我的堂兄马克和保罗有关。

我的家庭规模不大，且大家分住在各地。除了马克和保罗，其他表兄妹在我小的时候已经结婚生子了。他们俩比我大几岁，我们一起惹过不少的麻烦。马克和保罗教我学会说脏话（Blink-182乐队的热门专辑《脱下你的裤子和夹克》以及《南方公园》的重播给我的教育，让我至今记忆犹新）。他们也让我学会了网恋和职业摔跤。不在一起闹事的时候，我们会讨论他们最喜欢的足球队，也会讨论我即将参加的足球赛。

之所以讨论我的足球赛，是因为马克和保罗没法踢足球。

六岁时,他们就被诊断出患有杜氏肌萎缩症,这是一种可怕而罕见的退行性遗传病。在马克和保罗出生时,一家有超过一个孩子患上这种病的案例,在北美寥寥无几。等我能够一个人观看《南方公园》的时候,他们已坐上了轮椅。等我从大学毕业时,他们已失去了自行呼吸的能力。等我获得博士学位时,他们已经四肢瘫痪。两年以后,两人相继去世。马克和保罗让我认识到,人生的时间是有限的,而且我们无从知晓大限距离我们有多近。我不愿让时间平平淡淡地流逝,更不愿让时间白白虚度。

在《撞上幸福》一书中,哈佛大学教授丹·吉尔伯特(Dan Gilbert)援引了薇拉·凯瑟(Willa Cather)的话:

> 我们无法占卜或预测什么条件会制造幸福。我们只能偶然之间撞上幸福,在某个幸运的时刻,在世界尽头的某个地方,然后紧紧抓住那些岁月,就像紧握财富或名声一般。

如果某件事带给我们快乐或给了我们目标,那就要牢牢坚守。我们需要尽己所能,将这件事作为重中之重,用心对待,不允许干扰将我们与之阻隔开来。每个人的生命,都在慢慢地流逝。在一个干扰不断的时代,若不仔细计划,我们的时间便会在闷闷不乐间转瞬即逝。

第四章 从长计议

因此，每当我发现自己在完成工作任务时分心走神，或是在手机上漫无目的地浏览个不停时，便会提醒自己莫忘那个根本原因：我的两位表兄，以及生命流逝的本质。

实际上，为了让自己经常记起这些提示，我将两位表兄名字的首字母文在了手腕上。我并不是说大家也需要做到这个地步；在办公室放一张照片或是在办公桌上摆一张便条，都可以达到效果。将马克和保罗名字的首字母文在手腕上，赋予了我继续前进的动力，让我时刻将时间摆在首位，并促使我为渴望的生活担起主动权和责任。

弄清根本原因的答案，将积极的时间选择坚持到底，这便是最伟大的动力。用几分钟的时间思考自己的根本原因。之后，在办公室或客厅这种你经常发现自己浪费时间的场所摆放一个提醒。每当需要提醒自己注意事情的轻重缓急的时候，这个提醒便会跃然眼前。

• • •

想要长期维持时间富裕的状态是需要付出努力的。在不同的时段，你的表现也会参差不齐。在某段时间，你或许感觉不费吹灰之力就能保持专注，而在其他情况下，你或许会感觉举步维艰。

这是人之常情，也在意料之中。继续努力，你能行的。

好在，随着年龄的增长，你会在时间富裕方面越做越好。

我们已通过研究发现，年纪较大的人成为泰勒的概率要大于摩根。这些人一般在经济上更有保障，从而使得珍惜时间更加容易。[31] 除此之外，还有一个因素：年纪较大的人，剩下的时日也相对没有那么多了（其他的研究表明，随着年龄的增长，时间似乎过得更快，因此我们也会更加强烈地感到时间的流逝）。[32] 可以说，随着年龄的增长，时间也变得越发稀缺和珍贵，因此，决心将时间摆在金钱之前的利弊也就更一目了然了。[33]

无论你现在的年龄多大，有了这一章和前一章的内容，无论是在日常生活中还是从长计议，你都拥有了通过更加有效地利用时间而变得更加快乐的利器。

在第五章中，我们也该给你的上司一些为你提供帮助的利器了。

第四章 从长计议

工具箱：提前做好计划，将时间纳入考虑范围，重新认识成本和收益

这些工具将会帮助你游刃有余地面对即将到来的重大生活决策，并在做出重大决策时考虑到其对未来几年的潜在影响。

⏲ 五个时间富裕型习惯

事实证明，以下几个策略能够帮助你长期过上时间富裕型生活。

- **丰富活动种类**　如果你每次都选择做同样的事，那么时间富裕型选择的效果便会随着时间的推移而递减。在为时间富裕型活动做规划时，请在每天和每周的生活中添加多样性。

- **学会说"不"**　对你经常收到的造成时间压力的请求设置默认回应。练习对你认为没有时间应付的请求说"不"。试着答应对于谈话的请求，而拒绝对于行动的请求。

- **争取更多时间**　许多请求的截止日期不是雷打不动的。如果你觉得拥有更多时间能够提高你的工作质量，那就主动提出请求。如果你需要放个假或是对工作感到应接不暇，那就跟

时间不是挤出来的，是安排出来的

老板沟通。

- **提醒自己注意机会成本** 无论什么事情，一旦对某件事（旅游或额外的工作项目）说了"是"，我们也就对其他事情说了"不"，比如与家人共处、参加孩子的足球赛，或是帮父母做事。应承之前，不仅要计算时间成本，也要考虑机会成本，这能帮助你确定正在思考的决定（比如新增的出差计划）是否真正值得。

- **找出根本原因** 在做出人生的重大决定时，你应该问问自己重视的是什么；你的目标是什么；把时间摆在重中之重对你而言为何重要。将一件提醒你根本原因的器物摆在容易看到的地方。如此一来，这件器物就会提醒你思考此刻所做的决定是否与生活的总体目标相一致，也就是是否契合真正重要的事情。

重大人生里程碑方案

在下表最左侧的一栏中，列出你人生中的重大事件，尤其是那些与金钱有关的事件，比如选择工作、挑选居住地、结婚、生孩子、买宠物或是照顾家庭成员。在中间一栏记录这些事件的时间成本，从而清点这些可预期的决策对时间带来的影响。对于一份工作而言，你所记录的可能是通勤和出差的时长。对于婚礼而言，你所记录的或许是做计划要用的时间。

第四章 从长计议

在考虑过时间成本之后,思考一下该如何抵消成本中的一部分——要么做出不同的选择,要么将更多的精力放在时间富裕策略上,比如购买时间、发掘时间和重新定义时间。将这些策略写在最后一栏中。

表4-1 人生决策记录

重大人生决策	估测时间成本(天/周/年)	抵消时间成本的策略

拒绝记录表

针对需要付出时间的请求制定一个应对方针,从而提前计划好如何拒绝。你可以参照莫妮卡的做法,答应谈话的邀请,拒绝行动的邀约。

将你的整体方针写在这里:

现在我们来写一些标准答案,在别人要求占用你的时间时,如果不能或不愿接受,你就可以用这些答案来回应。记住,那些诸如"我太忙了"或"我没有时间"等基于时间的借口并不能作为有力的理由,因为它们往往会让别人对你的好感或信赖度降低。

拒绝理由一：

拒绝理由二：

拒绝理由三：

⏱ 要求更多时间记录表

除了计划拒绝之外，你也应该计划好如何要求得到更多的时间。你可以模仿旺达，要求老板给你更多的带薪假期。针对何时要求更多时间（包括工作时间内外）以及如何提出要求等问题，把你的整体策略写在下面。

时间不是挤出来的,是安排出来的

接下来,针对请求延长完成任务的时限写几个标准理由。请记住,如果你在截止日期之前或是有正当理由时要求延长,那么对方便更乐意满足你的请求。就像在拒绝人时一样,"因为我没有时间"这样的回答不太可能被视为正当理由。

延长时限理由一:

延长时限理由二:

延长时限理由三：

⏱ 根本原因记录表

利用这里的空白挖掘根本原因：把时间摆在金钱之上，为何对我意义重大？

你的根本原因或许是提醒你关注时间宝贵的某个事件,也可以是敦促你不要荒废时间的长期目标,不一而足。在发现自己对时间的利用存在漏洞,或是提醒自己切记将时间摆在金钱之上的重要性时,可以将答案作为动力。最后,定期回顾你的根本原因,并在必要时进行更新调整。

现在,在下面的空白处进行书写,想想有什么在日常生活中提醒自己谨记根本原因的方法。为了提醒自己,我特地在身上留下了文身,但是,你当然也可以在办公室放一张照片,通过这种简单的方式来提醒自己真正重要的东西是什么。

第五章
Chapter 5

系统改革
Systemic Change

第五章 系统改革

> 时间是最宝贵的商品。让我们看看能否找到方法，让大家获得更多的时间。
>
> ——哈佛大学法学院教授
> 凯斯·桑斯坦（Cass Sunstein）

这本书是写给你的，因此到目前为止，我一直将关注点放在你的身上：如何利用你的时间，能够做出什么改变，以及如何做出改变。

但是，感觉时间不够用并非完全怪你。社会结构使得时间的匮乏愈演愈烈。很大程度上，无论是我们所在的公司及其人力资源政策，还是我们的公共机关及其组织结构，都是构成这种现代疾病的元凶。[1] 你能做出多少改变，这些机构就能做出多少改变。本书的最后一章，是写给他们的。

更具体地说，这一章的目的，是让你投身于一项更加广泛的事业中，鼓励领导者和政府为员工和民众制定保护时间的政策。这一章的感觉与其他章节不同：旨在为变革提供充分的理由，而不是帮助你实现个人层面的改变。我认为，将这一章加入书中有重要的意义，因为如果没有领导者和政府的帮助，我们就无法根除时间匮乏这一普遍现象。

• • •

公司和政府对于时间匮乏的推动,有的是无心之举,有的则是有意而为。每年,美国公司浪费的员工时间价值1000亿美元,而政府强制公民办理的手续,竟要占用97.8亿小时。[2] 举例来说,在美国,联邦奖学金免费申请(FAFSA)、联邦医疗保险以及营养补充协助计划(SNAP)等"免费"补助,都会要求符合条件的受助人办理复杂和冗长的手续,与征收了"时间税"无异。[3]

世界各地的国际援助项目要求受助者步行数千米的路程,以"证明"他们确实需要帮助。[4] 在一项研究中,非营利组织要求想要领取食物的受助者步行超过6.4千米的距离领取救助,而他们平时只需步行1.6千米即可。随着距离的增加,那些前来领取食物的真正有需要的人有所减少,但经济条件更好的人前来领取的概率则并未降低。[5]

在一个日益嘈杂、拥挤和繁忙的世界里,各种机构都可以帮助人们珍惜时间,以便获得更多的时间财富。公司可以鼓励员工将休假视为一件值得庆贺的好事;政府可以提供住房补贴让民众搬到离工作地点更近的地方,从而帮助他们节省时间;新的科学技术则可以帮助用户切断在线新闻推送、协调通勤计划,并通过更廉价而轻松的途径将任务外包给他人。没有什么

第五章 系统改革

能阻止这些机构为员工和民众增加时间财富。领导者们只需下定决心采取行动就行。

职场规则

浪费时间会徒增压力和怨气

工作中的数字化转型,或许是造成现代时间匮乏的最主要因素。从整体来看,这种转型将使得就职的不稳定性成为新常态。为了应对这些转变所带来的影响,许多员工为提升技能而付出了巨大的代价,使得债务不断增加。这笔债务再加上对于在动荡市场中失去工作的恐惧,使我们对赚钱的专注达到了前所未有的程度,甚至不惜用时间作为代价。为数字化职场提供条件的工具,同时也将我们所拥有的时间撕成了零星的碎屑,每一小片都有可能将我们拉回工作中,让我们远离那些丰富时间的活动。工作在我们心中占据的地位,从未像现在一样显著。

然而,工作有时也是浪费我们时间的"好手"。哈佛商学院教授特蕾莎·阿马比尔(Teresa Amabile)和德克萨斯州大学奥斯汀分校教授安德鲁·布罗茨基(Andrew Brodsky)针对29种职业的1000多名雇员进行了研究,其中包括律师、经理和士兵。其中,超过78%的人表示所在的公司让他们在会

时间不是挤出来的,是安排出来的

议和项目的间隙无所事事,对他们的时间造成了"系统性的浪费"。将这些浪费的时间转换成工资,每年在低效时间上损失的金额,超过了1000亿美元。[6]

同时,职场推行的烦冗管理也造成了时间的匮乏。医生们每周花在开账单和做记录上的时间达到了8.7个小时(每年约18天);在过去的十年里,这个数字翻了一倍。[7] 商务人士平均每周待在会议中的时间为23个小时(一年约50天),而在20世纪60年代,这个数字则是每周10个小时。[8] 被认为可以完全自由掌握自己日程安排的首席执行官们则表示,有57%的工作时间被"浪费"在了对公司使命"毫无意义"的活动上。[9] 对此有同感的,并不只是高收入的职场人士。在一项针对700多名普通收入员工(年收入约5万美元)的调查中,99.9%的人表示,他们经常被要求完成浪费时间的次要任务,比如不必要的电话、电子邮件和文案工作。[10]

浪费时间也会带来压力。一位名叫科里的员工,对我讲述了他最新得出的关于工作的阴谋论:他认为他的老板每周开会的唯一目的,就是制造不需要做的工作。在一次会议上,他的同事希瑟沮丧得紧握双拳,直到指甲将手掌抠出血为止。为了不因最新收到的一项荒唐任务而嘶吼,她竟然不惜自残,因为,她竟要针对已经废除的职场规则写一份(很可能)没人会读的50页报告。

在繁重单调的工作中被迫艰难跋涉时,我们会想到那些本可以去做的工作，使得我们对于时间的压力愈演愈烈。对机会成本的怜惜会让我们产生铭心刻骨的痛楚。[11] 我们手上的烦琐事务，正在将我们与工作的意义（比如给病人看病、帮助消费者解决问题）阻隔开来。我们会想：我的时间本可以有更好的用途，为什么要浪费在浪费生命的事务上呢？

在这里，我要给领导者们的建议是显而易见的：不要给员工布置浪费时间的任务。不如更进一步，找出那些浪费时间的因素，并制订有助于时间富裕的替代方案。将大家都认为没有意义的周例会调整成强制性的"外出散步"活动。鼓励大家将空闲时间用作社交。一位名叫钱德勒·迈尔斯（Chandler Myers）的退伍军人曾向我讲述："与同事一起吃顿午餐，这样简单的事情有着非凡的意义。当我的同事开始推行这种做法时，我和团队的士气都随之振奋了起来。一切任务都变得更易处理，因为我们知道，总有短暂的社交调剂在等着我们。"

财务激励会加剧以金钱为中心的思想

人力资源政策在影响员工对待时间的态度上扮演着举足轻重的角色。财务激励是提高绩效的一项基础战略，而且从一定程度而言的确有效。但我们现在知道，财务激励带来的成本或许会超过生产力增加所带来的收益。

我和同事对一个大型数据库进行了分析，发现绩效奖励机制或许拥有改变员工利用时间方式的威力。[12] 根据绩效获得薪酬的员工，每天与朋友和家人社交的时间会减少2%。相比之下，他们花在与客户和同事社交上的时间则增加了3%。无论工作时长多少和所处行业是什么，这些差异都是存在的。虽然这些差异看似微不足道，但积累起来却不容忽视。这就相当于每天花在能带来快乐的私人社交上的时间减少了30分钟，而在与同事、客户和其他不能增加我们快乐的社交上所花的时间则多出了45分钟。不难算出：这意味着每年与朋友和家人在一起的时间减少了120小时（5天），与客户和同事在一起的时间增加了8天。

这种影响对非按时计薪的员工尤其有害。[13] 小时工更容易认为时间等同于金钱，更关注浪费时间、节省时间以及怎样利用时间才能"有利可图"。[14] 一位律师曾经告诉我："按小时计费会造成一种和时间的对抗关系。我常觉得，如果在工作之外花费了一个小时的时间，我就得在事后把那一个小时补偿回来。因此，为了不让自己出现欠了'时间债'的感觉，我会常常将休闲时间干脆放弃。"

私人教练约翰向我解释了这种"时间等于金钱"的心态为何能成为一种巨大的激励因素——即便在他热爱的事业中也仍然如此。"我曾经供职的一家公司让我认识到，要把每个走进大门的人都看作一个数字。我的老板会说：'约翰，这个问题很简单。走进来的客人越多，来的次数越频繁，我们赚的钱也越多。'"但是，约翰很反感将（为了实现健身目标来找他帮忙的）人视为金钱符号。"这种'人等于金钱'的心态让我深感焦虑。我不想表现出一副穷追猛打的样子。结果，我在客户面前变得沉默寡言。我担心他们会把我看成一个贪财的教练，而不是真正把他们的成果放在心上的人。"

约翰在 6 个月后辞职，转而到了一家没有佣金制度的较小的健身房工作。讽刺的是，他的销售业绩却增长了 300%。"既然不必再挖空心思地考虑如何从每一个走进来的客户身上尽可能地多榨钱，我便可以把更多的注意力花在最擅长的事情上，也就是通过力量训练为客户赋能。"鼓励员工将精力专注于社会关系的培养上，这不但能减少他们的压力，也有可能让销售额随之提高。

将注意力从营业额和薪金上移开，这个简单的转变很可能会大幅推动公司人力资源部门的工作计划。在让人们过度关注金钱方面，社会已经"成果显著"。员工们已不需要增添任何让他们将时间视为金钱的理由。想要推动时间财富的积累，不再让员工加班加点，便是有效的第一步。

除此之外，还有许多其他的策略可供人力资源领导者采取。

用带薪休假奖励员工

在职场中，我们可以通过用时间奖励员工的方式来帮助他们发掘时间。在美国的私营部门领域，有四分之一的员工无法

时间不是挤出来的，是安排出来的

享受带薪假期。[15] 然而我们明白，那些被赋予（并接受）所有带薪和无薪假期的员工，要比没有享受假期的员工更敬业、更有创意、更高效。[16] 这些人能从工作中获得更多的意义和满足感。[17] 绝大多数员工都在休假之后表示，他们觉得疲劳度降低而活力增加，且更容易细品日常生活中的体验。[18] 即便是短暂休假所带来的益处，也能持续长达两周的时间。[19]

一段长假不如多段短假有益，因此，人力资源部门应该推动员工休短假，并用短期离开工作岗位的机会作为奖励。[20] 在一项针对14.8万名员工的调查中，只有那些经常休假的人才能从中获益。[21] 这是因为，我们在度假后的愉悦感在两周后便会消失殆尽，我们又重新陷入计划过满、工作超载而筋疲力尽的状态。[22]

除了提供休假时间，公司还应通过一些必要手段来强制员工休假。有假不休是一个极具美国特色的祸患：在一项调查中，没有休完所有带薪假期的员工竟然达到了75%。[23] 全美员工没有利用的假期，竟达到了每年7亿天——这168亿个小时的时间本应用在丰富的活动上，而不是全部倾注于工作之中。[24] 这是多少未经利用的幸福啊。另外，不休假也会使经济放缓。研究人员估计，未使用的假期每年会造成2550亿美元的经济损失。为了更好地表明这一数据的体量，据咨询人员估计，2019年，美国境内用于购买所有汽车的成本总计为4620亿美元。[25]

而且即便休假，员工们也觉得有义务把一些时间花在工作上。绝大多数美国员工都觉得有义务在假期工作。[26] 在假期工作会增加压力，制造时间碎片，还会迫使员工在不同环境和思维之间来回跳跃。

雇主们，你们可以告诉那些不愿休假的员工："假设你的老板某天早上在你的办公桌上放了一大沓钱，你肯定不会熟视无睹。但是，如果不把你所有的带薪假期休完，你就等于放弃了一份价值几千美元的时间厚礼。"

或者，你也可以强迫员工休假。在一个极端的例子中，航空营销咨询服务公司 SimpliFlying① 的首席执行官沙申克·尼坚（Shashank Nigam）就强迫他的员工每过七周便休一周的带薪假。另外，他也会强迫员工与工作"断联"。如果员工查看了工作邮件或是其他任何与工作相关的交流平台，沙申克·尼坚就会扣发他们的工资。在强制休假上，这家公司可不是开玩笑的。那么，这家公司又获得了什么样的收效呢？

假期过后，员工的创造力提高了33%，幸福感提高了25%，生产力提高了13%。在这个小实验之后，这家公司对原先的计划做了一些修改。现在，这些强制性假期每八周一次，且从事同一项目的员工不能将休假时间安排在前后脚。除了这些小的修改外，公司仍在贯彻这一政策。[27] 事实证明，当员工得

---

① SimlpiFlying 直译为：辛普利飞行。——编者注

时间不是挤出来的，是安排出来的

到充分休息时，公司不会受到负面影响，反而会越发兴旺。

另外，假期也可以抵消心理健康问题。在一项针对3380名在职成年人进行的抽样调查中，如果多休10天带薪假期，那么人们患抑郁症的概率将平均下降29%，有子女的女性患抑郁症的概率则能下降38%。[28]

用时间作奖励

用小块的时间奖励来代替小额的绩效奖励，也能帮助人力资源部门解决时间匮乏的问题。利用跑腿兔和优步等服务平台为员工提供空闲时间，而不是偶尔发放200美元的现金卡，这便是一种能够增加员工时间的积极改变。

当然，前提是员工们必须使用这些服务！就像对待假期一样，员工们也会忘记兑现这些节省时间的票券。来自207家公司（共有20万名员工）的数据显示，提供可兑现省时奖励的公司只有不到80家。在这些公司中，只有3.2%的员工选择了兑换省时奖励，而67%的员工则将奖励积分兑换成了书籍等实物。[29]我认为这是因为，员工们往往会将这些奖励视为一种奢侈，尤其是与那些能用现金或信用礼品卡购买到的实物相比。

想要解决这种不愿选择省时服务的行为，方法之一就是只为员工提供有利于省时的选项。斯坦福大学的研究人员进行了一项试点试验,给医生们提供省时服务的积分。实验人员将代金券发放给那些尽心完成并非总能得到正式认可任务的医生,比如为同事提供支持、自愿提出为别人的学科代课或是为学生提供辅导。[30]

一位医生表示:"如果我自愿提出为别人的课程代课,我就能得到积分,以此订购食品、杂货,因为我没有时间去商店。你也可以用这些积分雇人帮你写拨款申请书,或是在你讲课时帮你准备课件。这些积分券真的帮我寻回了时间。"一位医生用这些积分雇人帮刚生过孩子的妻子料理杂物。另一位医生将一部分积分捐给了一位在她不在办公室时帮忙"收拾烂摊子"的同事。[31]那些在非自愿情况下得到这些积分的医生表示,他们的工作与生活更加平衡,且辞职的意愿也有所降低。

另一种鼓励员工兑现省时积分券的方法,是为基于时间的奖励赋予一个现金价值。[32]为了推动员工接受带薪假期或省时奖励,公司可以迎合员工们金钱至上的心态,将省时与金钱挂钩。一位硅谷的人力资源总监向我建议:"为了更好地鼓励人们申请薪水较低但假期较多的工作,我们应该让他们看到整体的薪酬组合,而不只是工资,我们应该为医疗保险、儿童保育、公共交通补贴、假期以及病假赋予价值,将这一切合计在一起。这样,员工们就知道自己的真实工资是多少了。"

为了测试对非金钱奖励赋予金钱价值是否会增加员工的兴趣,我和同事们对3000多名美国人进行了八项研究。我们要

时间不是挤出来的,是安排出来的

求这些应征员工在两份几乎相同的工作中进行选择。

10万美元加两周假期
9万美元加三周假期

四分之三的人选择了薪酬更高的工作。但是,我们也可以将注意力放在假期的薪酬价值上,通过另外一种方式来看待这个选择。

10万美元加两周假期(薪酬价值为3836美元)
9万美元加三周假期(薪酬价值为5192美元)

在第二种情况下,选择高薪工作的员工的数量下降到了总体人数的50%。我们发现,当带薪假期(如医疗保健)以外的福利被单独列出并赋予一个数字价值时,也会出现类似的效果(注意:这似乎并不适用于较低收入的入门级岗位,因为在这些岗位上的员工对钱要敏感得多)。

如此看来,将时间作为金钱一样营销是一种重要的人才招聘策略:求职者们表示,他们觉得这样做的雇主不仅真心关心员工,也更加关注工作与生活的平衡。而公司也可以享受到一个额外的好处:增加多样性。在女性的眼中,与其他工作相比,责任重大的工作虽然并不难获得,但却不怎么有吸引力。[33]

第五章 系统改革

这种零成本的简单干预措施,可以为公司塑造支持家庭生活、赋权员工享受所有带薪假期或公司颁发的所有省时奖励的形象,从而将更多女性吸引到申请池中。

这本书并不有意凸显性别差异,部分原因在于,我发现无论是男性还是女性,都可以通过将时间放在金钱之上而获益。然而,我们的这些研究表明,女性或许更容易从关乎时间的人力资源措施中获益,在大部分育儿工作仍由女性承担的情况下尤为如此。

允许员工延长时限

有些员工对于休假敬而远之,同样地,对于工作中争取更多时间的问题,他们也是三缄其口,担心这么做会让自己看起来缺乏能力或干劲儿。在针对职员和经理进行的十项研究中,我和同事们发现,那些觉得时间不够用的员工会避免要求延长截止日期——即便在日期可调的情况下也是如此。他们宁愿交出不理想的成果,也不愿意多要求几天的时间去打磨必须完成的任务。[34]

毋庸赘言,不愿请求延期的做法也会对员工的表现造成负面影响。在一项实验中,我们让商学院的学生们完成一篇论文,并给他们开出灵活的交稿日期;如果学生需要更多的时间,他们可以给导师发邮件要求延期,且不会受到处罚。结

时间不是挤出来的，是安排出来的

果，那些要求延期的学生提交的论文质量更高，从导师那里得到的分数也更高，而且，这位导师其实并未意识到有哪些人获得了延期批准。

女性和级别较低的员工尤其不容易要求延长时间，因为他们担心这样的请求会给别人留下负面的印象。有数据显示，女性和级别较低的员工容易对自己的职位缺乏安全感，也会更加注重别人对自己的看法，这一数据与上文中的倾向相符。

想要对抗这种不愿张口的情况，关键就在于将这种行为正常化。概括来说，请务必传达这样一个理念：为了尽量平衡工作与生活之间的需求而要求延长时限是可行的。需要有人提醒那些不堪重负、暗自渴望在某个项目上投入更多时间的员工，有无助感的人并非只有他们。人们通常会在私下里提出后推截止日期的请求（以及休假请求），比如通过电子邮件或一对一的谈话。因此，员工们很容易低估了这种请求的普遍程度。另外，他们也低估了其他员工对类似压力源的难言之隐。

管理者需要让自己的员工明白，他们并不孤独，需要得到额外的时间也是完全正常的。向员工传达批准延期请求的普遍性或许是一种简单而有效的方式，可以缓解员工对自己被当作无能和懒惰样本的担心。

截止日期的严格程度往往模棱两可：员工们或许不知道截止日期能否更改。在面对这种含糊的情况时，绝大多数员工都会避免要求延期，以免遇到期限不可改的情况（同样，女性和较为年轻的员工在这一点上更加优柔寡断）。在布置任务时，管理者应清楚地说明截止日期是否可调。

允许员工转换工作环境

那些允许员工决定在哪里与何时完成工作——可以是在另一座城市，也可以是在深夜——的公司，其旗下的员工也会更快乐和更有效率，且辞职的可能性也较低。[35] 我的同事普利特维拉·乔杜里（Prithwiraj Choudhury）发现，可以自由选择办公地点的员工，要比遵循在家办公这种较传统模式的员工效率高出4.4%，后者虽然允许员工随时处理工作，但也要求他们居住在离办公地点较近的地方。研究团队估计，这一生产率的提高将为美国经济带来13亿美元的平均年增长。[36]

这项政策也带来了其他间接的好处：员工们可以利用工资在佛罗里达等生活成本较低的地方生活，由此从中受益。另外，他们也不必在上下班的路上花费那么多的时间了。参与这项研究的每位员工（共有600人）的驾驶距离平均减少了135千米，废气排放量减少了4.4万吨。由于这些员工能够更好地控制自己的时间，因此也很可能感到压力减少和幸福感增加。

当然，这些员工从事的是适于这种模式的特殊工作。而且，这种策略并非没有缺点。有的员工不喜欢独自一人的感觉，怀念办公环境中的社交元素。研究人员表示，在办公室中

时间不是挤出来的，是安排出来的

工作一段时间或进行短时"冲刺"[①]，有助于所有员工与上司以及彼此之间打下信任的坚实基础，而学术休假这种由来已久的学者福利待遇，却在公司中越来越受欢迎。初期研究表明，学术休假对员工和公司都有好处。

我想告诉人力资源和职场领导者们，思维转变已经势在必行，这种思维虽然可能会让你们感觉陌生和不适，但却有着充分的数据支持：通过帮助员工增加自己的时间财富，你们会收获更优质的人才和更敬业的员工。大量数据显示，那些休假时间最长（并在需要时要求延期）的员工，也是最快乐和最高效的，这，也是管理人员很容易忽视的一个事实。

• • •

关于有助于时间富裕的工作政策，还有最后一点需要提醒：领导力扮演着至关重要的角色。想要引领休假潮流，管理者就必须身体力行。"比起最初定好的期限，我希望花更多的时间和精力来考虑怎么回应你的提议"，这样的话，能够让管理者帮助员工更敢于提出延长时限的要求。另外，对于在休假时工作或是有假不休等坏习惯，定调的也是管理者们。如果在休假期间发送与工作有关的邮件，你就是在向下属发出他们也应随时待命的明确信号。千万不要这么做。

[①] 冲刺：这是敏捷工作模式中的一个概念，是连续开发周期中的一种定时迭代。在这个短暂的冲刺周期中，团队必须完成计划好的工作量。——译者注

如果在深夜、清晨或是周末给员工发邮件,那就要说明为什么要在如此不寻常的时间发信,以及是否需要回复。这个准则,是我通过一次教训学到的。在一次旅行中,我曾经在凌晨3点时给我的研究团队(无意间)发了一封邮件,让团队虚惊一场。一个学生立即给同学发短信,想知道我是否需要立即得到答复。他们为了一封并非紧急的电子邮件而失去了宝贵的睡眠。我本该以身作则。我本该在邮件的开头加上一句简短的说明:"我正在旅行途中,请到正常工作时间再阅读回复。"抑或,最好根本就不要发送。电子邮件的意义就在于其非同步性,无须——也不应该——即时处理。

公共策略

我们从数据中获悉,那些最能通过省时购物获益的人,恰恰是那些赚钱最少的人。经济贫困的人时间匮乏问题也最严重。[37] 与富人相比,他们花在通勤、身兼多职以及等待服务上的时间更多。这是一个难以解决的矛盾,我们也知道,那些赚钱较少的人不仅不容易花钱为空闲时间投资,且更容易认定自己没钱购买时间。而我的研究表明,即便手头拮据,我们也应该在购买时间上花费高于心理价格的金钱。

不幸的是,美国的社会结构偏偏让那些最需要脱离困境的人背负起时间匮乏的重担，使这种矛盾进一步恶化。例如，美国是工业化国家中唯一一个没有带薪产假的国家，使得绝大多数的新手妈妈不得不冥思苦想，努力将残障险①、产假和花钱雇人结合在一起，为儿女的抚养拼凑时间以及金钱。另外，在护理领域，美国的福利最为悭吝，对公众的承诺也是最低的。38

让我们来看看，政府可以通过哪些途径减轻公民的时间匮乏负担。

减少文书手续

要获得许可证、执照、税收减免、补贴、教育援助和健康福利等，公民们必须填写表格、前往政府办公室，然后苦苦等待。华盛顿最近实施的一项政策要求，想要获得联邦医疗保险的家庭需要完成多达31页的文件。办公人员发现，忙碌而贫穷的家庭，是无法应付这种复杂的文书手续的。由此而来的结果便是：符合条件且需要保险的家庭递交的申请大幅下降。对于工作时间不可预测、交通条件不稳定、儿童托管服务难找且压力重大的低收入美国人来说，想要克服官方设置的障碍是几乎不可能的。39

---

① 残障险：包括生理疾病、心理疾病、受伤、手术、生育等。——译者注

第五章 系统改革

正如哈佛大学法学院教授凯斯·桑斯坦所指出的那样,"烦冗的文书手续不仅仅耗费了时间,还阻碍了基础设施的改善,加剧了贫困,减缓了经济发展,也让有望彻底改变人们生活的机会与福利变得难以获取甚至遥不可及"。[40]

创造省时辅助

为了研究缓解时间匮乏对于低收入工作人员产生的益处,我在肯尼亚内罗毕的基贝拉进行了一项大规模的研究。这是世界上规模最大、贫困程度最严重的贫民窟之一,住在这里的妇女每周都会在家务和其他形式的无偿劳动上花费 40 小时的时间。手洗衣物以及等待衣物晾干(以防被盗),每周就要花上 10 个小时。即便在这个妇女平均每天只能挣到 5 美元的贫民窟里,也存在着提供省时服务的市场,以及让所有公共政策官员认识时间价值和如何帮助民众获取时间财富的课程。[41]

在基贝拉,妇女们有时会花钱购买时间,用将近半天的工资雇请别人帮忙洗衣服或是把衣服送到当地的自助洗衣店去。她们也会花钱雇人为她们买菜,节省步行往返市场的时间。格拉迪斯是一位生活在肯尼亚的单身母亲,她有自己的工作,领取着每天不到 5 美元的工资,她告诉我"花钱雇人代我去市场能为我节省时间,我可以用这些时间休息,也可以多花些时间陪伴孩子或在摊位上多卖会儿菜。对我来说,花这钱是值

时间不是挤出来的,是安排出来的

得的。"

虽然这些服务深得人心(即便是对于这些经济拮据的妇女来说),但是,为穷人提供的省时服务却往往会被潜在的受助者以及制订相关计划的决策者低估。

我曾向哈佛大学肯尼迪学院公共政策专业的40名有志成为公共政策制定者的学生提问,在以下两项援助计划中,哪一项更有可能改善女性的福祉:一项是为职业女性节省时间,另一项则是为她们提供现金。认为节省时间的决策会更有效的人,只有10%。当我明确让学生在三项政策计划(分别是提供现金、提供熟食和节省时间)中做选择时,只有4名受访者(13%)选择了节省时间的项目;而87%的人选择了金钱。

幸运的是,非营利组织正在逐渐意识到为贫困国家的职业女性提供省时服务的重要性。2016年,梅琳达·盖茨(Melinda Gates)就这个问题发表了一篇"盖茨笔记",还制作了一段名为《时间匮乏:无人谈论的缺口》的视频,凸显出世界各地的女性花在无偿工作上的时间都超过男性的现状。她表示,"女性花在家务上的大量时间,扭曲了她们的整个人生"。以这一号召为基础,非营利组织开始为女性提供省时服务,希望增加她们的时间财富并提高个人的受教育程度。[42]

OneProsper是一家我在印度合作的非营利组织,他们提供了雨水收集技术,免去了每天花在汲水上的6～8个小时的时间。这家组织还为女性提供自行车,以便让她们更快地到达学校。这种援助增加了有条件上学的女性的人数。在讨论得到自行车和掌握汲水技术的感想时，13岁的博米对我说："现在的我们不必汲水，因此打水的苦差事也减少了。我现在正在上九年级①。对我来说，步行去学校几乎是不可能的。自行车改变了我的生活，让我可以继续我的学业。多亏了这些捐赠者，我能够读书和上学，整个人生也因此改变了。"

强制休假

从历史上说，绝大多数政府的政策都集中于增加物质的丰富。[43] 国内生产总值（GDP，即一个国家或地区所有常住单位在一定时期内生产的商品和服务的货币价值）等指标一直被视为社会幸福感的主要风向标，因为决策者普遍认为，财富能够带来更多的幸福。有些国家政府已经认识到，其他因素也能够对公民的幸福感造成影响，比如对生活的乐观程度、所处环境的空气污染以及社会收入的不平等。[44]

迄今为止，时间富裕是政策制定者们一直忽视的一个因素，或者更准确地说，应是时间富裕的匮乏。利用一份涵盖了79个国家的数据库，我和一位合作者对时间富裕和幸福之间的关系进行了分析。无论国家政府性质如何或相对财富的高低，

---

① 九年级：升高中前的最后一年，相当于中国的初三。——译者注

那些重视休闲多过工作的公民所占比例越高的国家,其幸福感也越高。[45]

生活在更注重时间(而非金钱)的国家的公民之所以更幸福,是因为他们比较不容易因经济问题而受到困扰。2008年经济危机之后,美国的国内生产总值下降了4.3%——截至本书撰写时,这仍是二战之后最大的降幅。在经济崩溃之后,民众的重度抑郁症和压力出现了上升,而幸福感则有所下降。[46]而在美国和全球其他国家,那些在工作之外找到意义、更加关注时间而非金钱的民众,在幸福感或压力上却没有受到太大的负面影响。[47]

是否有什么方法能够改变公民对于时间和金钱的取向,从而使时间富裕程度和幸福感得到提高,这是政策制定者需要提出的问题。就像我们能够采取行动提高生产率和零售消费(实际上,这或许会对我们的时间财富和幸福感产生负面影响)一样,我们能否以超越国内生产总值的标准来衡量幸福,并采取行动来提升相应指标呢?

认为休闲比工作更重要的人所占的比例在全球差异巨大,这个数字在荷兰为40%,在坦桑尼亚则是1.2%。从整体来看,在拉丁美洲和非洲这些长期收入不平等和较为贫困的地区,重视休闲超过工作的公民所占的比例也较小。[48]

这些结果表明,鼓励民众在时间问题上自主选择的政策,能够增加民众的幸福感。在企业中,激励员工享受带薪假期、

第五章 系统改革

积极实施家庭假期①政策，甚至缩短工作日，都能对健康和幸福感的提升起到至关重要的作用。在《全球幸福报告》中，瑞典排名前十，不久前，瑞典哥德堡市议会将8小时工作制改成了6小时。参与这项实验的员工不仅更快乐、压力更小、工作效率更高，请病假的概率也随之减小。⁴⁹

完善城市规划

通勤可谓浪费时间的"终极因素"。为了给欠发达社区提供更便利的公共交通工具，企业家阿赛因·罗德里格斯（Aslyne Rodriguez）开创了"赋能巴士"（Empower Bus）服务。⁵⁰

这款由雇主和就业中介承担部分成本的服务，为低收入员工的通勤（往往很漫长）提供了准时可靠的交通工具，让他们有条件通过有助于时间富裕的途径对这段时间进行重新分配，比如参加课程（高中升学或是大学课程）、开发技能或是听音乐以及放松小憩，从而帮助他们发掘时间。就这样，一项本来加剧时间匮乏的活动突然间被用在了丰富生活上。现在，这项服务也进行了拓展，添加了为坐巴士的员工运送食品杂货的服务，从而增强了发掘和购买时间的能力。就这样，人们原来花

---

① 家庭假期：是指出于处理紧急家事的需求，雇员可享有一定时长的休假，这种假期多为无薪假。——译者注

费在购物上的时间也节省了出来,对于生活在"食物荒漠"区域、如果不花大量时间就没有什么便利的健康食品可选的低收入人群来说,这一举措的意义举足轻重。

一位家住俄亥俄州的女士解释说:"我没有汽车,也尽量不步行去商店,因为我家附近没有人行道。我有一个孩子需要特殊照顾,所以必须到有药房的杂货店购物。在赋能巴士出现之前,我每个月都至少得打车往杂货店跑15次。打车的价格不菲,单程就要花8美元之多。"赋能巴士不仅能将她从A地带到B地,还能帮她把买到的东西卸下来。另外,她也节省了一大笔钱:如果每月乘坐30次出租车,每次往返需16美元,那么她过去每月都要花费480美元,或每年5760美元——这几乎相当于她每年房租的三分之一。相比之下,搭乘巴士却是免费的,虽然花费的时间稍长一些,但时间成本可以被食品、杂货配送服务所抵消。

政府也可以采取他们最擅长的做法:针对不同行为,利用惩罚机制进行规范或利用激励机制进行鼓励,并偶尔配合强制措施。应用程序可以将民众引导至拥堵不太严重的地方,甚至帮助判断出行方式和线路,以此来解决部分问题。这一招很管用!2018年,美国人平均每年因交通拥堵损失97个小时,带来了870亿美元的损失(每位驾驶者平均损失1348美元)。[51]最近,各种相关应用都在为人们提供拼车配对服务。拼车不仅节省了时间,也使得通勤更加愉快:与陌生人建立社会联系和

第五章 系统改革

进行对话可以增加幸福感、减轻压力并扩大我们的社交网络。

然而,绝大多数人并不使用拼车应用程序(用过这种应用的人只占36%),而是选择独自开车上班(占到76%)。[52] 最近,我与我的一个学生一起进行了八项现场实验,试图鼓励员工们通过科技平台拼车上班。这八项实验都收效微乎其微:在参加实验的8万名员工中,我们只成功说服了22名新用户尝试使用拼车应用。[53]

通过诸如高峰期行车收费和停车禁令等监管政策,政府可以鼓励民众利用拼车服务。从减少数百万小时通勤时间、减少上路车辆以及增加民众对时间的积极利用等方面来看,普及拼车服务所花的成本是物超所值的。

认识时间的价值

另外,政府还可以征招设计团队,对占用宝贵时间的繁文缛节进行反思。提供让用户提前预订咖啡并到店领取的服务,也能应用于公共服务领域。比如,在2016年,费城的宾夕法尼亚州立医院就聘请了一支由医生、健康经济学家和设计师组成的多元团队,解决服务交付领域的重要瓶颈难题。

团队成员致力于"流程化繁为简,只留核心功能",以便"让复杂问题清晰化"。[54] 借用其中一名工作人员的话来说:"在现代社会,堆砌无用之物很简单。简单反而成了难题。人们不经思考,就会往研究中堆积更多的问题,在数字界面增补更多的按键,给更多的人员造成更沉重的负担。虽然如此,文字、屏幕、页面、版面或任务的增多,却很少能够解决问题。同样,对服务交付进行重新思考,也可以节省成千上万公民的时间。"

• • •

无论是自愿或迫于压力做出的有关时间的选择,都决定着社会中每位成员的健康、福祉和经济机遇。被堵在路上的每分每秒,本都可以用来与家人共处、对社会做贡献、完成工作以及自我提升。空闲时间的匮乏——甚至是匮乏的感觉——必定会对健康造成危害。正如大家所见,这些感觉影响着我们所有人,从家里还住着年幼孩子的父母到为了维持生计而身兼数职的员工。时间的匮乏甚至会影响到学生,负债累累让他们越发寸步难行,面对职场越发激烈的竞争,他们不得不将紧张的学习和全职工作一并扛起。

为了让每个人拥有更多的时间财富,职场、公司以及政府都需要投身于这项事业之中。首先,这些企业机构需要掌握更多的数据。关于个人及其时间利用情况的数据越来越多,但组织、政府或国家层面的数据却寥寥无几(我现在正在做这方面的努力,过 5 年左右再跟大家公布成果)。对来自世界各地——而不仅仅是富裕国家的大规模面板数据① 进行更有效的衡量，能够推动本地和国家政府对时间匮乏问题的讨论。而我们也需要更多的企业机构将时间匮乏当作一个公共健康问题来认真对待，这个问题不仅影响着个人，也影响着整个企业、城市或国家的福祉。若没有各方的齐心协力，时间匮乏将会继续阻碍世界各国幸福感的增加和经济流动性的发展。

当前需要做的工作仍有很多，在这一章中，我也对其中许多构想着重进行了探讨。我们还能采取的一个行动，就是游说我们的企业领导和政府官员意识到问题所在。既然我们已经认识到了自身的时间匮乏问题，并且正在尝试采取简单易行的措施逐步加以改善，那么，我们也应该推动自己的企业和政府采取同样的行动。想要寻找创造性的解决方案，单靠个人的行动是不够的。我们需要一个范式的转换。用作家安妮·海伦·彼得森（Anne Helen Petersen）的话来说："减少社会层面上的压力感和疲惫感，需要体制上的转变。这不是靠活氧护肤或带跑步机的办公桌就能解决的问题。"[55]

这句话，说得我首肯心折。

---

① 面板数据：也称平行数据，是指对不同时间截面选取样本观测值所得出的样本数据。组成面板数据系列的群组可能包括国家、公司或个人等。——译者注

结语
Conclusion

未来时间
Time in the Future

结 语 未来时间

> 怎么一转眼就这么晚了?
> 刚刚还是夜晚,这就到了下午。
> 十二月才到,六月就拉开了帷幕。
> 老天啊,时间何等如梭。
> 怎么一转眼就这么晚了?
> ——苏斯博士 ①

未来的时间,充满了希望,也潜藏着危机。

我们已经对时间、金钱以及现代社会的一些基本事实有了深刻的了解。时间的匮乏,会对物质生活造成重大影响。对此,我们确信无疑,因为有数据为证。我们明白,所谓的伊斯特林悖论的确存在,即财富的积累并不总会带来幸福感的增加。之所以产生有太多事情要做但却无奈时间不够的感觉,是因为我们不惜一切代价追求职业上的成功,而这并不是解决问题的答案。这种生活方式,会带来抑郁、肥胖、孤独、自私等一系列后果。

我们已经开始逐渐认识到了这些事实,为了解决时间匮乏

---

① 苏斯博士:原名西奥多·苏斯·盖索,20世纪美国著名儿童文学作家,身兼插画家、诗人、动画家和电影制作人等多重身份,以苏斯博士的笔名进行写作和绘画。——译者注

时间不是挤出来的，是安排出来的

问题，我们也正在从个人和政策层面尝试干预措施。在有些地区，人们已经开始试行 4 小时工作制（而就像带薪产假领域一样，美国在此领域也落于人后）。

这样的开端虽有积极意义，但我们需要做的还有许多，否则，感觉时间匮乏的美国人所占的比例便会从 80% 上升至 90%，甚至 100%。我们需要在传统白领阶层干预措施上有所超越，为身处所有经济水平和工作类型中的人员提供帮助，也要将那些看似难以实行时间富裕型转变的职业囊括在内（比如教师、医疗保健和社会工作）。

我们需要让商界领导者相信，时间富裕关乎竞争成败。人才之战将会要求公司认真对待时间富裕问题。善待员工必将带来回报，人们对这种理念并非向来接受。这是一条通过时间、经验和数据积累而建立起来并不断丰富的理念。我们需要证明时间富裕型工作政策所带来的回报，从而深化商界有关时间富裕的讨论。这项工作已在进行之中。

我们需要扩大干预措施的规模，帮助整个社会将注意力从成功等同于经济增长的观念上移开，转而以其他标准进行衡量，包括以对个人时间的重视作为一种标尺。我们需要认清全民对于经济增长的痴迷所带来的切实而严重的代价：不断上涨的医疗成本、因条件限制而无法退休所导致的职场升迁途径短缺以及社会参与不足。

政策的改变可以促进社会规范的变化。如果美国强制施行

结 语 未来时间

带薪休假,那么国家经济将会因此受益,从根本上将话题重点转移到真正重要的事情上。我将此称为"休闲正当化"。我们知道,重视休闲多于工作的国家,其国民幸福程度更高,也能更好地应对经济衰退等金融冲击对情感造成的影响。我们也知道,幸福能够提高生产力。因此,扭转社会标准——从金钱驱动型社会转换成时间富裕型社会,便自然会带来生产力提高和医疗支出降低等副产品。社会科学家们发现,谈话重点的转变具有感染性,由此产生的威力不可小觑。在决定个人行为时,我们会向他人投去效仿的目光。那些帮助一些人充分而积极地享受闲暇时光的政策,也会引得其他个人和机构竞相模仿。

除此之外,创新者也必须推动科技,使之朝向为社会各个阶层打造时间财富的方向发展。无人驾驶汽车等自动产品可以为那些已经相对富裕的阶层带来时间财富,只要这些设备能够与通勤相协调且不加剧交通堵塞。从广义上来说,自动化有望为我们省下前所未有的大量时间,也可为我们中最急需和缺乏时间的人提供帮助。我想起了那些自己在印度和非洲采访研究过的女性:一台最基础的洗衣机——这种人们早已司空见惯的家务机器,就能为这些女性节省数千小时可投入在教育和育儿之中的时间。另外,这些时间也赋予这些女性以保障和权利,不仅提升了她们的地位,也能改善她们所在区域的总体福祉。

我们人人都能贡献自己的力量,共同打造这样的未来。我

时间不是挤出来的，是安排出来的

要将现有以及将来收集的更多数据利用起来，努力为所有人打造充满时间财富的明天。在我看来，接下来的10年中，减少时间匮乏（以及物质匮乏）是解决人类面临的最棘手问题的一个至关重要的因素，这些问题包括教育不平等、肥胖以及气候变化。对此，我决心已定，希望大家也能做到坚定不移。

这是因为，一切都始于你自己。正因如此，我写这本书的最重要初衷便是为了你，也就是每一位读者。我们的第一步，是要拥有时间富裕的理念，认识到这一转变对你产生的深远影响，然后再要求别人尊重你的时间并适应你利用时间的方式。

• • •

在书写这段文字的时候，我和我的同事们正在悼念克莱顿·克里斯坦森（Clayton Christensen）教授的逝世。毫不夸张地说，作为哈佛大学商学院的一代传奇，这位大师级的战略学教授在颠覆性创新领域的理论，是20世纪后半叶最为重要的商业理念之一。

坐下来准备完成本书最后一章的时候，我重读了克莱顿·克里斯坦森教授在《哈佛商业评论》上的经典文章《你要如何衡量你的人生？》[1]。这篇文章的主旨和思想与大家已经读到的内容不谋而合：思考你人生的使命，为之制定策略，认

---

[1]《你要如何衡量你的人生？》:《哈佛商业评论》2010年7~8月刊。

结 语 未来时间

真思考这个问题,不要指望金钱和事业上的成功能给你带来快乐。

在2010年完成这篇文章时,克莱顿·克里斯坦森刚刚击退了癌症,而10年之后,癌症卷土重来,将他从我们身边带走。时间是有限的,也是永远不能重来的——他直面时间之残酷,才得以发掘和感受这篇文章中罗列的信条,并将这些信条奉为生活的准则。

> 我很清楚我的想法如何为那些利用我的研究的公司带来巨大收益,我也知道自己产生的重大影响。但有趣的是,当我面对这种疾病时,却发现这种影响对现在的我而言是多么微不足道。

在本书中,我已经提供了许多科学严谨的策略。因为说到底,我毕竟是个痴迷于时间的怪人。我知道,各位读者的时间都非常宝贵。但愿投入在阅读这本书上的方方面面,已经让大家认识到了时间匮乏的严重性。我希望,这本书为大家打造了一片必要空间,激励大家思考生活的宗旨,并将自己的宗旨付诸实践。

我也希望大家能够清楚地认识到,追求时间富裕并不是自私之举。不仅如此,事实其实完全相反。当你认真思考自己的定位和行动背后的原因,当对时间的规划能让你以符合个人价值观的方式处事时，整个世界也会因此而受益。

从某种程度而言，在人生的某个时间点，我们或许注定要成为本章开头苏斯博士那首精妙的抒情诗中的哀怨叙事者。但是，为了创造一个更加幸福的世界，为了让个人和群体都能过上时间富裕和卓有意义的人生，现在的我们，能做的还有许多。

我们要做的，就是在如梭的时间流逝之前，下定决心、采取行动。

附 录
Appendix

常见问题
Frequently Asked Questions

附　录　常见问题

　　无论是我的同事、学生、访客、家人还是偶尔碰到的优步司机，总是问我一些关于时间、金钱和幸福的有趣问题。在附录中，我会就其中几个最常出现的问题进行解答。这些答案有意设置得较为简短，大家可以通过我附加的资源获取更多信息。

时间与金钱之间的选择，真的是个人能够决定的吗

　　无论富有还是贫困、已婚生子还是单身、年轻还是年长，我们都能看到，将时间摆在金钱之前，与获取更多的幸福感息息相关。尽管如此，人们还是会向我提出一个重要的问题：社会环境对我们的决策和幸福而言不重要吗？读者们经常会询问，他们的父母、工作环境和孩子是否以及怎样影响着他们对于时间和金钱的选择。他们的提问完全合理。我们对于时间和金钱所做决定（以及生活中所有其他决定）的方方面面，都是由社会环境所决定的。

为人父母后，我们的孩子（甚至宠物）决定着我们每天的可用时间，也决定着我们权衡金钱和时间的决定。退休不仅改变了我们可支配自由时间的多少，也影响着我们对这些时间的利用方式。对于我们该使用何种策略来购买时间（比如雇用保洁）或发掘时间（比如度假），各国家与公司能提供的空间也有所不同。鉴于我们的人口细分特征和社会阶层背景，社会对我们施加的期望值也有所不同。人们期望女性在家里承担更多的家务，而她们则认为自己拥有同时追求多个目标的权利，因此，与男性相比，高阶工作对女性而言并非那么具有吸引力和触手可及。收入较低阶层的人往往会迫于压力而在家庭生活上投入更多精力，工作时间也较不固定，迫使他们必须在照顾所爱之人和维持生计之间做出取舍。

如想查阅更多关于时间匮乏的原因和后果如何因社会阶层和性别而异的研究，请参见哈特穆特·罗莎（Hartmut Rosa）的《社会加速：现代性的新理论》[1]。另外，我们还必须与伴侣协同做出时间与金钱的决策，想要两全其美，或许并不简单。想要查阅如何应对这些选择，详见 H.R. 鲍尔斯和 K.L. 麦克金的《工作谈判中的性别：双标游戏》[2]。

---

[1]《社会加速：现代性的新理论》：纽约：哥伦比亚大学出版社，2013 年。
[2]《工作谈判中的性别：双标游戏》：《谈判杂志》第 24 集，第 4 期（2008 年）：393～410 页。

虽然我在这本书中关注的几乎都是我们作为个体所做的决定，但关于时间和金钱的选择并非与其他因素毫无关联。想要对这些价值观和行为的本质特征进行理解和干预，我们就需要参考更多的研究。

我的居住地是否决定了时间的幸福价值

经常有人会问我，对于那些生活在不那么痴迷于工作的地区的人来说，对时间的重视是否能更准确地代表幸福的程度呢？大家可能已经猜到了，答案是肯定的。我与同事一起，研究了工作规范和理念对人们利用时间和享受闲暇的方式产生的影响。在美国，那些生活在同辈工作时间较长地区的人群，在参加社交和志愿服务等活动时，幸福感并不那么强烈。对于工作所持的理念也很重要。如果居住地的人们认为努力工作是成为一个好人的重要因素，那么无论同辈的工作时间是长是短，这些受访者对闲暇时光都不会那么享受。

整体而言，这些研究结果让我们看到，在时间富裕决策能否增加个人的幸福指数上，同辈的行为以及社会所提倡的工作价值观都发挥着重要作用。想要收获时间富裕决策所带来的幸福，我们便需要鼓励整个社会共同珍惜时间。

时间不是挤出来的,是安排出来的

你为什么不能直接告诉我们该怎么做

经常有人要求我提供一个收获时间财富和幸福感的个性化公式。在这个话题上,我让大家的希望一次次地落空。放之四海而皆准的解决方案并不存在。人人都有不同的价值观、需求和优先考虑的事情。每个人对时间选择的反应也各有不同。

给大家举一个个人的案例。受到这本书中研究的启发,不久前,我的丈夫决定辞去他的全职工作。现在的他是一名自由职业者,工作时间和地点都由自己决定。他说,这种对于日常安排的控制"极大地"减少了他的压力,他很享受当自己老板的感觉。但是,一个人的天堂或许会成为另一个人的炼狱。一些人宁愿花钱,也不愿拥有这种自由灵活的生活。详见A.马斯(A. Mas)和A.帕利埃斯(A. Pallais)的《评价另类工作模式》[①]。有的人忙碌得直想雇人打扫卫生,但却偏偏不这么做,这是因为,他们正在努力向孩子灌输努力工作的价值观。这么说来,这样的决定便也顺理成章。

简而言之,通往时间富裕的道路对每个人来说都各不相同。我最中肯的建议就是结合本书中最能引起你共鸣的内容,然后通过不断试错来积累经验。在你的日常生活和重大人生决策中融入时间富裕型策略,比如购买时间、发掘时间以及重新

[①]《评价另类工作模式》:《美国经济评论》第107集,第12期(2017年):3722~3759页。

定义时间。你可以从你最抗拒的活动开始着手，看看会有怎样的收效。

如果你很抗拒雇人来为你打扫房间或洗衣服，那就尝试一次，然后看看你是否会有所改观。如果还是抗拒，那就反思一下原因。如果每隔一段时间就主动把自己推出舒适圈，你便会收获最多的经验。通常来说，这一点对于金钱、时间和人生而言都是适用的。

尝试之后，再告诉我你喜欢和不喜欢哪些解决方案。哪些解决方案行之有效？哪些则是在浪费时间？你的伴侣有什么反馈？我们可以携手并肩，共同实验和打造时间匮乏的解决方案。将下文中的"时间富裕清单"贴在你的冰箱上，提醒自己多尝试并享受其中的乐趣。

时间富裕清单

如果感觉在时间上不堪重负，那就尝试下列做法

- √ **跟踪记录你的时间** 搞清楚自己的时间都花在了哪里。
- √ **思考自己热爱做什么** 多关注那些给你带来快乐、意义或卓有成效的事情。
- √ **寻找小块空闲时间多做自己热爱的事情** 将你想要

时间不是挤出来的,是安排出来的

得到更多的感觉摆在优先位置(比如愉悦、意义和成效)。

√ **思考不喜欢做或是给自己带来压力的事情** 把重点放在那些给你带来痛苦和压力或是毫无成效的事情上。

√ **减少花在这些体验上的时间** 通过购买时间(比如事务外包)、发掘时间(比如取消会议)或是重新定义时间(比如关注积极因素),将这些体验减至最少。

√ **将发掘到的空闲时间预留出来** 计划好你想在空闲时间做的事情。如果你想要花更多的时间阅读,那就将阅读时间明确预留出来。

√ **享受闲暇时光** 在这一番努力之后,关闭你的工作邮箱,好好享受这段闲暇吧。这是你应得的。

· 致　谢 ·

在教员生涯的第一年，我便开始进行一系列研究，研究表明专注于时间，而非金钱，才是通往更多的幸福、更好的人际关系以及更健康的体魄的有效途径。尽管得出了这些研究结果，我的个人生活仍是一团糟。我经常选择将工作放在感情之上，使得我和伴侣经营了10年的关系摇摇欲坠。我无法将自己的研究得出的洞见付诸实践，也厌倦了在时间决定上总是半开玩笑地让大家"听从我的建议，但切莫模仿我的行为"。如果说有数据支撑的我尚且难以"言行一致"，那么其他人也一定会在时间和职业决策上举步维艰。这本书是我的一种尝试，希望帮助自己和大家在日常生活中将一些学术研究的成果付诸实践。没有大家的支持，我便无从成功地完成这本书，也无法进行作为本书基础的研究。

就像所有书稿一样，这份书稿也始于一位与我"心照不宣"而才华横溢的编辑。斯科特·贝尔纳托（Scott Berinato）从我写这本书的第一天起就对我予以全力的支持。我虽然遭到了许多编辑的拒绝，但斯科特·贝尔纳托却发现，我的这些想法具有改变人们认识和利用时间方式的潜力。他耐心地指导我如何使用日常语言而非学术术语进行写作，对于我不敢触及的个人隐私，他也引导我敞开心扉地展露。从在《哈佛商业评论》发表的文章初稿到这一版本，再到最终版的成稿，他一路上都在给我鼓励。斯科特·贝尔纳托真的是一位初次写书的作者能够遇到的最优秀的"夏尔巴引路人"。对于斯科特·贝尔纳托的引导，我将永怀感激，也很高兴能与他继续在时间富裕的道路上越走越远。

这本书中的许多研究都是我和我的一些最优秀的导师、同事和学生合作完成的。首先，我想感谢我的研究生导师伊丽莎白·邓恩（Elizabeth Dunn）。从她身上，我受益良多，也每天都在将学到的内容付诸实践——无论是关于幸福的研究，还是如何成为一个有社会意识和积极敬业的学者。如果没有她多年的鼓励，我就不可能完成这本书。迈克·诺顿（Mike Norton）也是我的研究和这本书的坚定支持者，对此，我深怀感激。我的同事希瑟·迪瓦恩（Heather Devine）赋予了我源源不断的灵感，鼓励我坚持自己的价值观，每天都有动力完成有意义的研究。

我还想要为我的合作者、支持者以及学生组成的庞大网络致谢：拉贾·阿嘎瓦尔（Raju Agarwal）、劳拉·阿科宁（Lara Aknin）、麦克斯·贝泽曼（Max Bazerman）、雷内·贝克斯（Rene Bekkers）、塞卡·贝拉尔（Saika Belal）、夏洛特·布兰科（Charlotte Blank）、尤金·卡鲁索（Eugene Caruso）、比尔·陈（Bill Chen）、弗兰西斯·陈（Frances Chen）、汉妮·柯林斯（Hanne Collins）、桑福德·迪福尔（Sanford DeVoe）、格兰特·多尼利（Grant Donnelly）、莱恩·德威尔（Ryan Dwyer）、霍莉·迪克斯特拉（Holly Dykstra）、艾比·法利克（Abby Falik）、劳拉·基尤格（Laura Giurge）、利兹·格登伯格（Liz Goldenberg）、安托尼亚·冈萨雷斯（Antonya Gonzalez）、卡罗尔·格拉厄姆（Carol Graham）、安迪·哈芬布拉克（Andy Hafenbrack）、朱莉亚·赫尔（Julia Hur）、乔恩·贾奇摩维克斯（Jon Jachimowicz）、莱斯利·约翰（Leslie John）、阿历克斯·乔丹（Alex Jordan）、菲利西亚·乔伊（Felicia Joy）、埃里克·金（Eric Kim）、艾瑞尔·克丽斯托尔（Ariella Kristal）、科斯塔丁·库什列夫（Kostadin Kushlev）、马修·李（Matthew Lee）、爱丽丝·李－润（Alice Lee-Yoon）、露西娅·玛琪雅（Lucia Macchia）、迈克尔·麦加拉（Michael McGarrah）、凯西·莫吉尔纳（Cassie Mogilner）、辛西娅·蒙哥马利（Cynthia Montgomery）、劳瑞尔·纽曼（Laurel Newman）、艾德·奥布莱恩（Ed O'Brien）、希比尔·奥弗莱尔蒂（Shibeal O'Flaherty）、安德鲁·奥斯瓦尔德（Andrew Oswald）、马克·奥斯尼－威廉（Mark Ottoni-Wilhelm）、洛拉·帕克（Lora Park）、莱斯利·佩洛（Leslie Perlow）、杰西卡·波（Jessica Pow）、纳塔杜夫（尼克）·波塔维［Nattavudh（Nick）Powdthavee］、

杰森·普罗克斯（Jason Proulx）、杰西卡·罗伯茨（Jessica Roberts）、托德·罗杰斯（Todd Rogers）、迈克尔·桑德斯（Michael Sanders）、吉莉安·桑德斯托斯（Gillian Sandstrom）、劳瑞·桑托斯（Laurie Santos）、艾伦·施韦耶（Allan Schweyer）、斯科特·赛德尔（Scott Seider）、乔伊·夏洛克（Joey Sherlock）、保罗·斯梅兹（Paul Smeets）、阿莱伊思·希博-兰德里（Anaïs Thibault-Landry）、泰勒·范德沃斯（Tyler VanderWeele）、卡瑟琳·沃斯（Kathleen Vohs）、黛博拉·沃德（Deborah Ward）、乔治·沃德（George Ward）、科林·韦斯特（Colin West）、艾伊斯·也门斯兹吉尔（Ayse Yemisicigil）以及贾温·尹（Jaewon Yoon），等等。我的每一位同事都为这本书提供了引人入胜的视角，而我在书中所讨论的绝大多数研究，都是我们协作和对话的直接结果。另外，这本书也受益于我与所在院系的学者与从业者进行的无数对话以及实验室研讨、工作会议和研讨会。能够与拥有不同背景和视角的佼佼者进行激情饱满的探讨，这要算我的工作中最精彩的一部分了。对于这些交流，我将永远心怀感激。

我的研究得到了许多机构的慷慨资助，包括哈佛大学商学院、哈佛大学的心脑行为跨学院研究计划、哈佛大学潘兴广场人类行为基础研究基金、哈佛大学健康研究所伯克全球健康奖学金、约翰·邓普顿（John Templeton）基金会、哈佛大学拉克希米·米塔尔（Lakshmi Mittal）家族南亚研究所、加拿大社会科学和人文研究理事会、加州大学洛杉矶分校安德森管理学院、德国劳动经济学研究所（IZA）以及伦敦商学院。没有这些机构的支持，我的研究和这本书便不可能存在。

另外，我还要感谢我的家人：我的母亲丽莎，我的舅妈琼和迪安，舅舅佩吉和特里，还有我的表兄马克和保罗。在无尽的苦难面前，你们总能找到时间开心一笑、心存感激。我要特别感谢我的父亲布莱恩。我总是说你是一位真正的科学家，因为你会用一种充满好奇的态度来面对生活。你每周都会跟我通话，与我分享网上或我的那些所谓"学术杂志"上最有趣的故事，这些电话提醒我，永远不要停止环顾四周的目光，永远不要让自己失去那份震撼和感动。

最后但同样重要的是，我要对我的丈夫乌马尔表示感谢。是你教会了我什么是无条件的爱与支持。无论是我们在波士顿公共图书馆的约会（当时我还以为你也有重要的工作要做，原来，你之所以跟我一起去图书馆，只是为了确保我把自己的写作任务完成），还是在我赶最后期限时为我做饭，再到努力确保让我避免四处奔波出差，你总是给予我坚定的支持。你和奥利（我们的小猫）让我打从心里感恩与你们共度的每一天和每一刻。与你们组建了家庭之后，我已无法想象不关注时间的生活会是什么样子了。

我本无意成为一名学者，更别提在哈佛大学商学院担任助理教授了。我是我们家第一位大学生。第一次上大学时，我选择了辍学,而且门门挂科。在(第二次)进入大学之前,我还从未见过一个大学毕业生。写作这本书以及致力于研究者职业生涯的过程都教会我,永远不要惧怕制定崇高目标和追寻梦想。因为到头来,即便在最糟糕的情况下,你也能与志同道合的同仁相伴,将每分每秒花在探索心之向往的课题上。将每一秒都花费在追求比我们更加宏大的梦想上,我想不出还有什么更好的方式来度过我们有限的人生。希望这本书能提醒我们,我们如何度过每分每秒,就会如何走过人生,我也希望,这本书能够帮助我们重新认识自己的人生宗旨,找到自己存在的理由。

我的第一本著作既已截稿,现在的我,已经对下一本书跃跃欲试了。面对越来越不确定的未来,只要我们从现在开始用心对待时间问题,那么时间的财富便能够帮助我们找到解决整个社会面临的诸多问题的答案。

·作者简介·

阿什莉·惠兰斯是哈佛大学商学院的一名助理教授,她的研究课题是人们如何在时间和金钱之间做出权衡,以及这些决定会对工作满意度、幸福感以及整体福祉造成怎样的影响。她曾两度被评为"行为科学新星",并在各大学术期刊上发表文章。阿什莉·惠兰斯还热衷于科学传播和公众对于科学研究的参与。她的文章曾在《哈佛商业评论》《纽约时报》《华尔街日报》和《华盛顿邮报》上发表,《大西洋月刊》《经济学人》,美国有线电视新闻网(CNN)和英国广播公司(BBC)也曾对她的文章进行报道。

参考文献

序 言

1. For a review linking time famine to negative outcomes, see L. Giurge and A. V. Whillans, "Beyond Material Poverty: Why Time Poverty Matters for Individuals, Organisations, and Nations" (working paper, Harvard Business School, no. 20–051, 2020).
2. My research documents a link between time orientation (as measured by the Taylor-versus-Morgan question) and well-being, work hours, volunteering, and daily time-use decisions. A. V. Whillans, A. C. Weidman, and E. W. Dunn, "Valuing Time over Money Is Associated with Greater Happiness," *Social Psychological and Personality Science* 7, no. 3 (2016): 213–222.
3. Whillans et al., "Valuing Time over Money Is Associated with Greater Happiness." See also J. F. Helliwell and R. D. Putnam, "The Social Context of Well-Being," *Philosophical Transactions of the Royal Society of London, Series B: Biological Sciences* 359 (2004): 1435–1446.
4. A. V. Whillans and E. W. Dunn, "Valuing Time over Money Is Associated with Greater Social Connection," *Journal of Social and Personal Relationships* 36, no. 8 (2019): 2549–2565.
5. G. M. Sandstrom and E. W. Dunn, "Social Interactions and Well-Being: The Surprising Power of Weak Ties," *Personality and Social Psychology Bulletin* 40, no. 7 (2014): 910–922.
6. A. V. Whillans, J. Pow, and M. I. Norton, "Buying Time Promotes

Relationship Satisfaction" (working paper, Harvard Business School, no. 18–072, January 2020).

7. A. Whillans, L. Macchia, and E. Dunn, "Valuing Time over Money Predicts Happiness after a Major Life Transition: A Preregistered Longitudinal Study of Graduating Students," *Science Advances* 5, no. 9 (2019): eaax2615. For a review, see E. W. Dunn, A. V. Whillans, M. I. Norton, and L. B. Aknin, "Prosocial Spending and Buying Time: Money As a Tool for Increasing Well-Being," *Advances in Experimental Social Psychology* 61 (2019): 67–126.

8. A. V. Whillans, A. Lee-Yoon, and E. W. Dunn, "When Guilt Undermines Consumer Willingness to Buy Time" (working paper, Harvard Business School, no. 18-057, January 2018, revised January 2020).

9. Giurge and Whillans, "Beyond Material Poverty." See also I. Hirway, *Mainstreaming Unpaid Work: Time-Use Data in Developing Policies* (Oxford: Oxford University Press, 2017).

10. J. M. Darley and C. D. Batson, " 'From Jerusalem to Jericho': A Study of Situational and Dispositional Variables in Helping Behavior," *Journal of Personality and Social Psychology* 27, no. 1 (1973): 100.

11. Whillans et al., "Valuing Time over Money Is Associated with Greater Happiness." See also A. C. Hafenbrack, L. D. Cameron, G. M. Spreitzer, C. Zhang, L. J. Noval, and S. Shaffakat, "Helping People by Being in the Present: Mindfulness Increases Prosocial Behavior," *Organizational Behavior and Human Decision Processes* (2019).

12. A. V. Whillans and E. W. Dunn, "Thinking About Time As Money Decreases Environmental Behavior," *Organizational Behavior and Human Decision Processes* 127 (2015): 44–52.

13. A. V. Whillans, "Time for Happiness: Why the Pursuit of Money Isn't Bringing You Joy—And What Will," hbr.org, January 29, 2019, https://www.hbs.edu/faculty/Pages/item.aspx?num=55600.

第一章

1. A. V. Whillans, "Time for Happiness: Why the Pursuit of Money Isn't Bringing You Joy—And What Will," hbr.org, January 29, 2019, https://www.hbs.edu/faculty/Pages/item.aspx?num=55600.
2. D. S. Hamermesh and J. Lee, "Stressed Out on Four Continents: Time Crunch or Yuppie Kvetch?" *Review of Economics and Statistics* 89, no. 2 (2007): 374–383. See also D. S. Hamermesh, "Not Enough Time?" *American Economist* 59, no. 2 (2014): 119–127.
3. K. Parker and W. Wang, *Modern Parenthood: Roles of Moms and Dads Converge As They Balance Work and Family* (Washington, DC: Pew Research Center, March 14, 2013), https://www.pewsocialtrends.org/wp-content/uploads/sites/3/2013/03/FINAL_modern_parenthood_03-2013.pdf.
4. Pew Research Center, "Raising Kids and Running a Household: How Working Parents Share the Load," November 4, 2015, https://www.pewsocialtrends.org/2015/11/04/raising-kids-and-running-a-household-how-working-parents-share-the-load/.
5. T. Kasser and K. M. Sheldon, "Time Affluence as a Path Toward Personal Happiness and Ethical Business Practice: Empirical Evidence from Four Studies," *Journal of Business Ethics* 84, no. 2 (2009): 243–255. See also Whillans, "Time for Happiness."
6. C. Mogilner, A. Whillans, and M. I. Norton, "Time, Money, and Subjective Well-Being," in *Handbook of Well-Being, Noba Scholar Handbook Series: Subjective Well-Being*, eds. E. Diener, S. Oishi, and L. Tay (Salt Lake City, UT: DEF Publishers, 2018).
7. S. Roxburgh, "'There Just Aren't Enough Hours in the Day': The Mental Health Consequences of Time Pressure," *Journal of Health and Social Behavior* 45, no. 2 (2004): 115–131; J. Jabs and C. M. Devine, "Time Scarcity and Food Choices: An Overview," *Appetite* 47, no. 2 (2006): 196–204; D. Venn and L. Strazdins, "Your Money

or Your Time? How Both Types of Scarcity Matter to Physical Activity and Healthy Eating," *Social Science and Medicine* 172 (2017): 98–106; J. De Graaf, ed., *Take Back Your Time: Fighting Overwork and Time Poverty in America* (San Francisco: Berrett-Koehler, 2003).

8. Gallup estimates the cost of stress to be about $190 billion per year in the United States as of 2013. Gallup, "Report: State of the American Workplace," September 22, 2013, https://www.gallup.com/services/176708/state-american-workplace.aspx. The estimated cost of stress on the US health care system is estimated at 5 percent to 8 percent of total health care spending each year: J. Goh, J. Pfeffer, and S. A. Zenios, "The Relationship Between Workplace Stressors and Mortality and Health Costs in the United States," *Management Science* 62, no. 2 (2015): 608–628.

9. W. F. Stewart, J. A. Ricci, E. Chee, S. R. Hahn, and D. Morganstein, "Cost of Lost Productive Work Time Among US Workers with Depression," *JAMA* 289, no. 23 (2003): 3135–3144.

10. P. E. Greenberg, A. A. Fournier, T. Sisitsky, C. T. Pike, and R. C. Kessler, "The Economic Burden of Adults with Major Depressive Disorder in the US," *Journal of Clinical Psychiatry* 76, no. 2 (2015): 155–162.

11. L. A. Perlow, "The Time Famine: Toward a Sociology of Work Time," *Administrative Science Quarterly* 44, no. 1 (1999): 57–81.

12. M. Aguiar and E. Hurst, "Measuring Trends in Leisure: The Allocation of Time Over Five Decades," *Quarterly Journal of Economics* 122, no. 3 (2007): 969–1006.

13. The OECD finds that full-time employees in the United States worked an average of 37.8 hours per week in 1950. In contrast, in 2017, they worked an average of 34.2 hours per week. J. C. Messenger, S. Lee, and D. McCann, *Working Time around the World: Trends in Working Hours, Laws, and Policies in a Global*

Comparative Perspective (Oxford-shire, UK: Routledge, 2007).

14. In a 2015 Pew survey, seven in ten Americans reported using online or sharing economy services. A. Smith, "How Americans Define the Sharing Economy," Pew Research Center, May 20, 2016, https://www.pewresearch.org/fact-tank/2016/05/20/how-americans-define-the-sharing-economy/.

15. In the United States, adults spend an average of three hours and twenty minutes each day using their smart phones—double the amount five years ago. R. Marvin, "Tech Addiction by the Numbers: How Much Time We Spend Online," PC *Magazine*, June 11, 2018, https://www.pcmag.com/article/361587/tech-addiction-by-the-numbers-how-much-time-we-spend-online.

16. Americans check their phones about once every twelve minutes. SWNS, "Americans Check Their Phones 80 Times a Day: Study," *New York Post*, November 8, 2017, https://nypost.com/2017/11/08/americans-check-their-phones-80-times-a-day-study/.

17. A. Bellezza, N. Paharia, and A. Keinan, "Conspicuous Consumption of Time: When Busyness and Lack of Leisure Time Become a Status Symbol," *Journal of Consumer Research* 44, no. 1 (2016): 118–138.

18. L. E. Park, D. E. Ward, and K. Naragon-Gainey, "It's All About the Money (For Some): Consequences of Financially Contingent Self-Worth," *Personality and Social Psychology Bulletin* 43, no. 5 (2017): 601–622.

19. M. Mazmanian, W. J. Orlikowski, and J. Yates, "The Autonomy Paradox: The Implications of Mobile Email Devices for Knowledge Professionals," *Organization Science* 24, no. 5 (2013): 1337–1357.

20. R. J. Dwyer, K. Kushlev, and E. W. Dunn, "Smartphone Use Undermines Enjoyment of Face-to-Face Social Interactions," *Journal of Experimental Social Psychology* 78 (2018): 233–239; K. Kushlev and E. W. Dunn, "Smartphones Distract Parents from

Cultivating Feelings of Connection When Spending Time with Their Children," *Journal of Social and Personal Relationships* 36, no. 6 (2019): 1619–1639; and K. Kushlev, R. Dwyer, and E. W. Dunn, "The Social Price of Constant Connectivity: Smartphones Impose Subtle Costs on Well-Being," *Current Directions in Psychological Science* (2019).

21. The term *time confetti* was popularized by Brigid Schulte in *Overwhelmed: How to Work, Love, and Play When No One Has the Time* (New York: Picador, 2014). See also S. E. Lindley, "Making Time," in *Proceedings of the 18th ACM Conference on Computer Supported Cooperative Work and Social Computing* (ACM, February 2015): 1442–1452.

22. J. M. Hudson, J. Christensen, W. A. Kellogg, and T. Erickson, "I'd Be Overwhelmed, but It's Just One More Thing to Do: Availability and Interruption in Research Management," in *Proceedings of the SIGCHI Conference on Human Factors in Computing Systems*, eds. R. Grinter et al. (New York: Association for Computing Machinery, 2006), 97–104; B. O'Conaill and D. Frohlich, "Timespace in the Workplace: Dealing with Interruptions," in *Conference Companion on Human Factors in Computing Systems*, ed. C. Plaisant (New York: Association for Computing Machinery, 1994).

23. Time poverty is caused in part by how well activities fit together in our minds. When we feel that we are trying to complete two conflicting activities (e.g., taking care of our kid *and* checking work email), these conflicting goals can increase feelings of time stress. J. Etkin, I. Evangelidis, and J. Aaker, "Pressed for Time? Goal Conflict Shapes How Time Is Perceived, Spent, and Valued," *Journal of Marketing Research* 52, no. 3 (2015): 394–406. It is worth noting that some research finds that interruptions, such as commercial breaks, increase our enjoyment of hedonic

experiences such as watching funny TV shows. See L. D. Nelson and T. Meyvis, "Interrupted Consumption: Adaptation and the Disruption of Hedonic Experience," *Journal of Marketing Research* 45, no. 6 (2008): 654–664; and L. D. Nelson, T. Meyvis, and J. Galak, "Enhancing the TelevisionViewing Experience Through Commercial Interruptions," *Journal of Consumer Research* 36, no. 2 (2009): 160–172. However, these studies typically involve *passive* interruptions that do not demand active attention (i.e., commercial breaks) and do not remind us of the productivity costs of engaging in the current leisure activity (i.e., watching TV).

24. This fact is derived from a survey of 600 working Americans recruited through a private consulting firm. David Kelleher, "Survey: 81% of US Employees Check Their Work Mail Outside Work Hours," *TechTalk*, May 20, 2013, https://techtalk.gfi.com/survey-81-of-u-s-employees-check-their-work-mail-outside-work-hours/.

25. Multitasking is stressful because it creates "attention residue." It takes time to recover from shifting our minds away from the present, to another activity, and back to the present. S. Leroy, "Why Is It So Hard to Do My Work? The Challenge of Attention Residue When Switching Between Work Tasks," *Organizational Behavior and Human Decision Processes* 109, no. 2 (2009): 168–181. Experiences of attention residue in task switching depend on the tasks we are switching between and how we think about them. S. Leroy and A. M. Schmidt, "The Effect of Regulatory Focus on Attention Residue and Performance During Interruptions," *Organizational Behavior and Human Decision Processes* 137 (2016): 218–235.

26. G. N. Tonietto, S. A. Malkoc, and S. M. Nowlis, "When an Hour Feels Shorter: Future Boundary Tasks Alter Consumption by

Contracting Time," *Journal of Consumer Research* 45, no. 5 (2019): 1085–1102.

27. E. W. Dunn, A. V. Whillans, M. I. Norton, and L. B. Aknin, "Prosocial Spending and Buying Time: Money As a Tool for Increasing Well-Being," *Advances in Experimental Social Psychology* 61 (2020): 67–126.

28. G. E. Donnelly, T. Zheng, E. Haisley, and M. I. Norton, "The Amount and Source of Millionaires' Wealth (Moderately) Predicts Their Happiness," *Personality and Social Psychology Bulletin* 44, no. 5 (2018): 684–699.

29. K. Kushlev, E. W. Dunn, and R. E. Lucas, "Higher Income Is Associated with Less Daily Sadness but Not More Daily Happiness," *Social Psychological and Personality Science* 6, no. 5 (2015): 483–489; and N. W. Hudson, R. E. Lucas, M. B. Donnellan, and K. Kushlev, "Income Reliably Predicts Daily Sadness, but Not Happiness: A Replication and Extension of Kushlev, Dunn, & Lucas (2015)," *Social Psychological and Personality Science* 7, no. 8 (2016): 828–836.

30. A. T. Jebb, L. Tay, E. Diener, and S. Oishi, "Happiness, Income Satiation and Turning Points around the World," *Nature Human Behaviour* 2, no. 1 (2018): 33.

31. J. W. Zhang, R. T. Howell, and C. J. Howell, "Living in Wealthy Neighborhoods Increases Material Desires and Maladaptive Consumption," *Journal of Consumer Culture* 16, no. 1 (2016): 297–316; and H. Kim, M. J. Callan, A. I. Gheorghiu, and W. J. Matthews, "Social Comparison, Personal Relative Deprivation, and Materialism," *British Journal of Social Psychology* 56, no. 2 (2017): 373–392.

32. P. M. Ruberton, J. Gladstone, and S. Lyubomirsky, "How Your Bank Balance Buys Happiness: The Importance of 'Cash on Hand' to Life Satisfaction," *Emotion* 16, no. 5 (2016): 575.

33. L. B. Aknin, M. I. Norton, and E. W. Dunn, "From Wealth to Well-Being? Money Matters, but Less Than People Think," *Journal of Positive Psychology* 4, no. 6 (2009): 523–527.
34. D. Kahneman, A. B. Krueger, D. Schkade, N. Schwarz, and A. A. Stone, "Would You Be Happier If You Were Richer? A Focusing Illusion," *Science* 312, no. 5782 (2006): 1908–1910.
35. Hamermesh and Lee, "Stressed Out on Four Continents: Time Crunch or Yuppie Kvetch?"
36. S. E. DeVoe and J. Pfeffer, "Time Is Tight: How Higher Economic Value of Time Increases Feelings of Time Pressure," *Journal of Applied Psychology* 96, no. 4 (2011): 665.
37. Ibid.
38. A. Furnham, M. Bond, P. Heaven, D. Hilton, T. Lobel, J. Masters, and H. Van Daalen, "A Comparison of Protestant Work Ethic Beliefs in Thirteen Nations," *Journal of Social Psychology* 133, no. 2 (1993): 185–197. In light of strong Protestant work ethic beliefs in the United States (historically and present-day), in the United States busyness is seen as a status symbol. For example, people who announce that they are very busy are granted higher social standing in the United States and are seen as wealthier and more important than people who announce that they have a lot of leisure time available. See Bellezza et al., "Conspicuous Consumption of Time: When Busyness and Lack of Leisure Time Become a Status Symbol." This effect holds only in the United States and not in Europe.
39. J. D. Hur and L. F. Nordgren, "Paying for Performance: Performance Incentives Increase Desire for the Reward Object," *Journal of Personality and Social Psychology* 111, no. 3 (2016): 301.
40. I. Dar-Nimrod, C. D. Rawn, D. R. Lehman, and B. Schwartz, "The Maximization Paradox: The Costs of Seeking Alternatives," *Personality and Individual Differences* 46, no. 495-6 (2009): 631–

635; and S. I. Rick, C. E. Cryder, and G. Loewenstein, "Tightwads and Spendthrifts," *Journal of Consumer Research* 34, no. 6 (2008): 767–782.

41. Working parents with young children are time stressed: H. Buddelmeyer, D. S. Hamermesh, and M. Wooden, "The Stress Cost of Children on Moms and Dads," *European Economic Review* 109 (2018): 148–161; L. Craig and J. E. Brown, "Feeling Rushed: Gendered Time Quality, Work Hours, Nonstandard Work Schedules, and Spousal Crossover," *Journal of Marriage and Family* 79, no. 1 (2017): 225–242. Even busy working parents report they would rather have more money than more time: A. V. Whillans, A. C. Weidman, and E. W. Dunn, "Valuing Time over Money Is Associated with Greater Happiness," *Social Psychological and Personality Science* 7, no. 3 (2016): 213–222, study 4.

42. A. V. Whillans, E. W. Dunn, P. Smeets, R. Bekkers, and M. I. Norton, "Buying Time Promotes Happiness," *Proceedings of the National Academy of Sciences* 114, no. 32 (2017): 8523–8527, study 9.

43. Data: Open Science Framework, "Time Use and Happiness of Millionaires," June 16, 2016, https://osf.io/vndmt/. See also P. Smeets, A. Whillans, R. Bekkers, and M. I. Norton, "Time Use and Happiness of Millionaires: Evidence from the Netherlands," *Social Psychological and Personality Science* 11, no. 3. (2020): 295–307.

44. D. Soman, "The Mental Accounting of Sunk Time Costs: Why Time Is Not Like Money," *Journal of Behavioral Decision Making* 14, no. 3 (2001): 169–185.

45. Derek Thompson, a staff writer for *The Atlantic*, provided this quotation in a February 2019 article, "Workism Is Making Americans Miserable," https://www.theatlantic.com/ideas/archive/2019/02/religion-workism-making-americans-miserable/583441/.

46. J. M. Horowitz and N. Graf, "Most U.S. Teens See Anxiety and Depression as a Major Problem Among Their Peers," Pew Research Center, February 20, 2019, https:// www.pewsocialtrends.org/2019/02/20/most-u-s-teens-see-anxiety-and-depression-as-a-major-problem-among-their-peers/.
47. For a review, see A. Keinan, S. Bellezza, and N. Paharia, "The Symbolic Value of Time," *Current Opinion in Psychology* 26 (2019): 58–61.
48. F. Solt, "The Standardized World Income Inequality Database," *Social Science Quarterly* 97, no. 5 (2016): 1267–1281.
49. P. K. Piff, M. W. Kraus, and D. Keltner, "Unpacking the Inequality Paradox: The Psychological Roots of Inequality and Social Class," *Advances in Experimental Social Psychology* 57 (2018): 53–124.
50. Whillans et al., "Valuing Time over Money Predicts Happiness after a Major Life Transition: A Preregistered Longitudinal Study of Graduating Students."
51. A. Whillans, "Exchanging Cents for Seconds: The Happiness Benefits of Choosing Time over Money" (doctoral dissertation, University of British Columbia, 2017), study 5, section 2.9.
52. J. C. Lee, D. L. Hall, and W. Wood, "Experiential or Material Purchases? Social Class Determines Purchase Happiness," *Psychological Science* 29, no. 7 (2018): 1031–1039; and A. Whillans, A. Lee-Yoon, and E. W. Dunn, "When Guilt Undermines Consumer Willingness to Buy Time" (working paper, Harvard Business School, no. 18-057, January 2018, revised January 2020), study 2.
53. L. Park, Y. Hun Jung, J. Shultz-lee, D. Ward, P. Piff, and A. V. Whillans, "Psychological Pathways Linking Income Inequality in Adolescence to Well-Being in Adulthood" (working paper).
54. Bellezza et al., "Conspicuous Consumption of Time: When Busyness and Lack of Leisure Time Become a Status Symbol"; C. K. Hsee, A. X. Yang, and L. Wang, "Idleness Aversion and the

Need for Justifiable Busyness," *Psychological Science* 21, no. 7 (2010), 926–930; and C. K. Hsee, J. Zhang, C. F. Cai, and S. Zhang, "Overearning," *Psychological Science* 24, no. 6 (2013): 852–859. For a review, see A. X. Yang and C. K. Hsee, "Idleness Versus Busyness," *Current Opinion in Psychology* 26 (2019): 15–18.

55. Bellezza et al., "Conspicuous Consumption of Time: When Busyness and Lack of Leisure Time Become a Status Symbol."
56. T. D. Wilson, D. A. Reinhard, E. C. Westgate, D. T. Gilbert, N. Ellerbeck, C. Hahn, and A. Shaked, "Just Think: The Challenges of the Disengaged Mind," *Science* 345, no. 6192 (2014): 75–77.
57. N. Whitehead, "People Would Rather Be Electrically Shocked Than Left Alone with Their Thoughts," *Science*, July 3, 2014, https://www.sciencemag.org/news/2014/07/people-would-rather-be-electrically-shocked-left-alone-their-thoughts.
58. M. Haller, M. Hadler, and G. Kaup, "Leisure Time in Modern Societies: A New Source of Boredom and Stress?" *Social Indicators Research* 111, no. 2 (2013): 403–434.
59. For a review, see J. D. Creswell, "Mindfulness Interventions," *Annual Review of Psychology* 68 (2017): 491–516.
60. G. Zauberman and J. G. Lynch Jr., "Resource Slack and Propensity to Discount Delayed Investments of Time Versus Money," *Journal of Experimental Psychology: General* 134, no. 1 (2005): 23.
61. H. E. Hershfield, "The Self over Time," *Current Opinion in Psychology* 26 (2019): 72–75.
62. R. Buehler, D. Griffin, and M. Ross, "Exploring the 'Planning Fallacy': Why People Underestimate Their Task Completion Times," *Journal of Personality and Social Psychology* 67, no. 3 (1994): 366; and R. Buehler and D. Griffin, "Planning, Personality, and Prediction: The Role of Future Focus in Optimistic Time Predictions," *Organizational Behavior and Human Decision Processes* 92, no. 1-2 (2003): 80–90.

63. K. Wilcox, J. Laran, A. T. Stephen, and P. P. Zubcsek, "How Being Busy Can Increase Motivation and Reduce Task Completion Time," *Journal of Personality and Social Psychology* 110, no. 3 (2016): 371.
64. M. Zhu, Y. Yang, and C. K. Hsee, "The Mere Urgency Effect," *Journal of Consumer Research* 45, no. 3 (2018): 673–690.
65. Wilcox et al., "How Being Busy Can Increase Motivation and Reduce Task Completion Time."

第二章

1. Major life decisions can have profound and lasting changes for subjective well-being. For related research, see G. Marum, J. Clench-Aas, R. B. Nes, and R. K. Raanaas, "The Relationship Between Negative Life Events, Psychological Distress and Life Satisfaction: A Population-Based Study," *Quality of Life Research* 23, no. 2 (2014): 601–611.
2. A. V. Whillans, A. C. Weidman, and E. W. Dunn, "Valuing Time over Money Is Associated with Greater Happiness," *Social Psychological and Personality Science* 7, no. 3 (2016): 213–222.
3. S. M. Tully and E. Sharma, "Context-Dependent Drivers of Discretionary Debt Decisions: Explaining Willingness to Borrow for Experiential Purchases," *Journal of Consumer Research* 44, no. 5 (2017): 960–973; S. M. Tully, H. E. Hershfield, and T. Meyvis, "Seeking Lasting Enjoyment with Limited Money: Financial Constraints Increase Preference for Material Goods over Experiences," *Journal of Consumer Research* 42, no. 1 (2015): 59–75; and L. E. Park, D. E. Ward, and K. Naragon-Gainey, "It's All About the Money (For Some): Consequences of Financially Contingent Self-Worth," *Personality and Social Psychology Bulletin* 43, no. 5 (2017): 601–622.

4. S. C. Matz, J. J. Gladstone, and D. Stillwell, "Money Buys Happiness When Spending Fits Our Personality," *Psychological Science* 27, no. 5 (2016): 715–725; and J. C. Lee, D. L. Hall, and W. Wood, "Experiential or Material Purchases? Social Class Determines Purchase Happiness," *Psychological Science* 29, no. 7 (2018): 1031–1039.
5. E. W. Dunn, A. V. Whillans, M. I. Norton, and L. B. Aknin, "Prosocial Spending and Buying Time: Money As a Tool for Increasing Well-Being," *Advances in Experimental Social Psychology* 61 (2020): 67–126.
6. L. I. Catalino and B. L. Fredrickson, "A Tuesday in the Life of a Flourisher: The Role of Positive Emotional Reactivity in Optimal Mental Health," *Emotion* 11, no. 4 (2011): 938.
7. C. Young and C. Lim, "Time As a Network Good: Evidence from Unemployment and the Standard Workweek," *Sociological Science* 1 (2014): 10.
8. M. P. White and P. Dolan, "Accounting for the Richness of Daily Activities," *Psychological Science* 20, no. 8 (2009): 1000–1008.
9. S. K. Nelson, K. Kushlev, and S. Lyubomirsky, "The Pains and Pleasures of Parenting: When, Why, and How Is Parenthood Associated with More or Less Well- Being?" *Psychological Bulletin* 140, no. 3 (2014): 846.
10. T. Burchardt, "Time, Income and Substantive Freedom: A Capability Approach," *Time and Society* 19, no. 3 (2010): 318–344.
11. R. E. Goodin, J. M. Rice, M. Bittman, and P. Saunders, "The Time-Pressure Illusion: Discretionary vs. Free Time," *Social Indicators Research* 73, no. 1 (2005): 43–70; and R. E. Goodin, J. M. Rice, A. Parpo, and L. Eriksson, *Discretionary Time: A New Measure of Freedom* (Cambridge: Cambridge University Press, 2008).
12. For reviews looking at when, whether, and how simple actions can result in lasting changes in well-being, see S. Lyubomirsky and K. Layous, "How Do Simple Positive Activities Increase Well-Being?" *Current Directions in Psychological Science* 22,

no. 1 (2013): 57–62; and K. Layous and S. Lyubomirsky, "The How, Who, What, When, and Why of Happiness: Mechanisms Underlying the Success of Positive Interventions," in *Light and Dark Side of Positive Emotion*, ed. J. Gruber and J. Moskowitz (Oxford: Oxford University Press, in press).

13. D. Kahneman and A. B. Krueger, "Developments in the Measurement of Subjective Well-Being," *Journal of Economic Perspectives* 20, no. 1 (2006): 3–24; A. B. Krueger, D. Kahneman, D. Schkade, N. Schwarz, and A. A. Stone, "National Time Accounting: The Currency of Life," in *Measuring the Subjective Well-Being of Nations: National Accounts of Time Use and Well-Being*, ed. A. B. Krueger (Chicago: University of Chicago Press, 2009), 9–86; and A. A. Stone and C. Mackie, National Academies of Sciences, Engineering, and Medicine, "The Subjective Well-Being Module of the American Time Use Survey: Assessment for Its Continuation," in *Subjective Well-Being: Measuring Happiness, Suffering, and Other Dimensions of Experience* (Washington, DC: National Academies Press, 2013).

14. A. Mani, S. Mullainathan, E. Shafir, and J. Zhao, "Poverty Impedes Cognitive Function," *Science* 341, no. 6149 (2013): 976–980; S. Mullainathan and E. Shafir, *Scarcity: Why Having Too Little Means So Much* (New York: Macmillan, 2013); G. V. Pepper and D. Nettle, "Strengths, Altered Investment, Risk Management, and Other Elaborations on the Behavioural Constellation of Deprivation," *Behavioral and Brain Sciences* 40 (2017); and A. K. Shah, S. Mullainathan, and E. Shafir, "Some Consequences of Having Too Little," *Science* 338, no. 6107 (2012): 682–685.

15. C. Roux, K. Goldsmith, and A. Bonezzi, "On the Psychology of Scarcity: When Reminders of Resource Scarcity Promote Selfish (and Generous) Behavior," *Journal of Consumer Research* 42, no.

4 (2015): 615–631; and Tully et al., "Seeking Lasting Enjoyment with Limited Money: Financial Constraints Increase Preference for Material Goods over Experiences."

16. E. L. Kelly and P. Moen, "Rethinking the Clockwork of Work: Why Schedule Control May Pay Off at Work and at Home," *Advances in Developing Human Resources* 9, no. 4 (2007): 487–506; E. L. Kelly, P. Moen, and E. Tranby, "Changing Workplaces to Reduce Work-Family Conflict: Schedule Control in a White-Collar Organization," *American Sociological Review* 76, no. 2 (2011): 265–290; P. Moen, E. L. Kelly, E. Tranby, and Q. Huang, "Changing Work, Changing Health: Can Real Work-Time Flexibility Promote Health Behaviors and Well-Being?" *Journal of Health and Social Behavior* 52, no. 4 (2011): 404–429; and P. Moen, E. L. Kelly, and R. Hill, "Does Enhancing Work-Time Control and Flexibility Reduce Turnover? A Naturally Occurring Experiment," *Social Problems* 58, no. 1 (2011): 69–98.

17. For a review, see E. E. Kossek, L. B. Hammer, E. L. Kelly, and P. Moen, "Designing Work, Family & Health Organizational Change Initiatives," *Organizational Dynamics* 43, no. 1 (2014): 53.

18. P. Smeets, A. Whillans, R. Bekkers, and M. I. Norton, "Time Use and Happiness of Millionaires: Evidence from the Netherlands," *Social Psychological and Personality Science* 11, no. 3. (2020): 295–307.

19. N. Lathia, G. M. Sandstrom, C. Mascolo, and P. J. Rentfrow, "Happier People Live More Active Lives: Using Smartphones to Link Happiness and Physical Activity," *PLOS ONE* 12, no. 1 (2017).

20. Smeets et al., "Time Use and Happiness of Millionaires: Evidence from the Netherlands"; for a review, see Mogilner et al., "Time, Money, and Subjective Well-Being."

21. Data available upon request.

22. B. Schwartz, A. Ward, J. Monterosso, S. Lyubomirsky, K. White,

and D. R. Lehman, "Maximizing Versus Satisficing: Happiness Is a Matter of Choice," *Journal of Personality and Social Psychology* 83, no. 5 (2002): 1178.

23. J. Holt-Lunstad, T. B. Smith, M. Baker, T. Harris, and D. Stephenson, "Loneliness and Social Isolation As Risk Factors for Mortality: A Meta-Analytic Review," *Perspectives on Psychological Science* 10, no. 2 (2015): 227–237.

24. G. M. Sandstrom and E. W. Dunn, "Social Interactions and Well-Being: The Surprising Power of Weak Ties," *Personality and Social Psychology Bulletin* 40, no. 7 (2014): 910–922; G. M. Sandstrom and E. W. Dunn, "Is Efficiency Overrated? Minimal Social Interactions Lead to Belonging and Positive Affect," *Social Psychological and Personality Science* 5, no. 4 (2014): 437–442; N. Epley and J. Schroeder, "Mistakenly Seeking Solitude," *Journal of Experimental Psychology: General* 143, no. 5 (2014): 1980; and E. J. Boothby, G. Cooney, G. M. Sandstrom, and M. S. Clark, "The Liking Gap in Conversations: Do People Like Us More Than We Think?" *Psychological Science* 29, no. 11 (2018): 1742–1756.

25. C. Mogilner, Z. Chance, and M. I. Norton, "Giving Time Gives You Time," *Psychological Science* 23, no. 10 (2012): 1233–1238; and Z. Chance and M. I. Norton, "I Give Therefore I Have: Charitable Giving and Subjective Wealth," paper presented at the Association for Consumer Research Annual North American Conference, Jacksonville, FL, October 1, 2010. When we see ourselves giving away valuable resources (such as time and money), it sends a signal to ourselves that we must have enough of both of these resources. This is known as *self-perception theory*: D. J. Bem, "Self-Perception Theory," *Advances in Experimental Social Psychology* 6 (1972): 1–62.

26. M. Rudd, K. D. Vohs, and J. Aaker, "Awe Expands People's Perception of Time, Alters Decision Making, and Enhances Well-Being," *Psychological Science* 23, no. 10 (2012): 1130–1136.

27. D. Keltner and J. Haidt, "Approaching Awe, a Moral, Spiritual, and Aesthetic Emotion," *Cognition and Emotion* 17 (2003): 297–314; P. K. Piff, P. Dietze, M. Feinberg, D. M. Stancato, and D. Keltner, "Awe, the Small Self, and Prosocial Behavior," *Journal of Personality and Social Psychology* 108, no. 6 (2015): 883; J. W. Zhang, P. K. Piff, R. Iyer, S. Koleva, and D. Keltner, "An Occasion for Unselfing: Beautiful Nature Leads to Prosociality," *Journal of Environmental Psychology* 37 (2014): 61–72.
28. M. E. Porter and N. Nohria, "How CEOs Manage Time," *Harvard Business Review*, July–August 2018.
29. Dunn et al., "Prosocial Spending and Buying Time: Money As a Tool for Increasing Well-Being."
30. S. Frederick, N. Novemsky, J. Wang, R. Dhar, and S. Nowlis, "Opportunity Cost Neglect," *Journal of Consumer Research* 36, no. 4 (2009): 553–561; and M. Gagne and A. Whillans, "Overcoming Barriers to Buying Happier Time," *Undergraduate Journal of Psychology* 75 (2016). Data available upon request.
31. A. V. Whillans, "Time for Happiness: Why the Pursuit of Money Isn't Bringing You Joy—And What Will," Special issues on HBR Big Idea: Time Poor and Unhappy, hbr.org, January 29, 2019, https://www.hbs.edu/faculty/Pages/item.aspx?num=55600.
32. Whillans, "Time for Happiness."
33. Whillans, "Time for Happiness."
34. The participant was recruited through online data collection conducted in collaboration with the *New York Times*. NYT gave me permission to use the data collected as part of an article it published, as long as we masked participants' names and any identifying information. C. Richards, "Maybe You Shouldn't Outsource Everything After All," May 7, 2018, https://www.nytimes.com/2018/05/07/your-money/outsource-happiness.html.

35. A. V. Whillans and C. West, "Alleviating Time Poverty Among the Working Poor" (working paper, Harvard Business School, 2020), https://www.aeaweb.org/conference/2020/preliminary/paper/3rf3SEb2.
36. A. V. Whillans and E. W. Dunn, "When Guilt Undermines Consumer Willingness to Buy Time" (working paper, Harvard Business School, no. 18-057, January 2018, revised January 2020), study 2.
37. A. Lee-Yoon, G. Donnelly, and A. V. Whillans, "Overcoming Resource Scarcity: Consumers' Responses to Gifts Intending to Save Time and Money" (working paper, Harvard Business School, no. 20-072, 2020).
38. The participant was recruited through online data collection conducted in collaboration with the *New York Times*. NYT gave me permission to use the data collected as part of an article it published, as long as participants' names and any identifying information was masked. C. Richards, "Maybe You Shouldn't Outsource Everything After All," May 7, 2018, https://www.nytimes.com/2018/05/07/your-money/outsource-happiness.html.
39. A. V. Whillans, J. Pow, and M. I. Norton, "Buying Time Promotes Relationship Satisfaction" (working paper, Harvard Business School, no. 18-072, January 2020); and M. S. Clark and J. Mils, "The Difference Between Communal and Exchange Relationships: What It Is and Is Not," *Personality and Social Psychology Bulletin* 19, no. 6 (1993): 684–691.
40. Lee-Yoon et al., "Overcoming Resource Scarcity: Consumers' Responses to Gifts Intending to Save Time and Money."
41. J. Galak, J. Givi, and E. F. Williams, "Why Certain Gifts Are Great to Give but Not to Get: A Framework for Understanding Errors in Gift Giving," *Current Directions in Psychological Science* 25, no. 6 (2016): 380–385.
42. P. E. Jose, B. T. Lim, and F. B. Bryant, "Does Savoring Increase

Happiness? A Daily Diary Study," *Journal of Positive Psychology* 7, no. 3 (2012): 176–187; and J. Quoidbach, E. V. Berry, M. Hansenne, and M. Mikolajczak, "Positive Emotion Regulation and Well-Being: Comparing the Impact of Eight Savoring and Dampening Strategies," *Personality and Individual Differences* 49, no. 5 (2010): 368–373.

43. C. West, C. Mogilner, and S. DeVoe, "Taking Vacation Increases Meaning at Work," ACR *North American Advances* (2017). For a review, see C. Mogilner, H. E. Hershfield, and J. Aaker, "Rethinking Time: Implications for Well-Being," *Consumer Psychology Review* 1, no. 1 (2018): 41–53.

44. J. Etkin, I. Evangelidis, and J. Aaker, "Pressed for Time? Goal Conflict Shapes How Time Is Perceived, Spent, and Valued," *Journal of Marketing Research* 52, no. 3 (2015): 394–406.

45. A. J. Crum, P. Salovey, and S. Achor, "Rethinking Stress: The Role of Mindsets in Determining the Stress Response," *Journal of Personality and Social Psychology* 104, no. 4 (2013): 716; and O. H. Zahrt and A. J. Crum, "Perceived Physical Activity and Mortality: Evidence from Three Nationally Representative US Samples," *Health Psychology* 36, no. 11 (2017): 1017.

46. Crum et al., "Rethinking Stress: The Role of Mindsets in Determining the Stress Response."

47. J. Jachimowicz, J. Lee, B. R. Staats, J. Menges, and F. Gino, "Between Home and Work: Commuting As an Opportunity for Role Transitions" (working paper, Harvard Business School NOM Unit, no. 16-077, 2019).

48. L. L. Carstensen, "Selectivity Theory: Social Activity in Life-Span Context," *Annual Review of Gerontology and Geriatrics* 11, no. 1 (1991): 195–217; L. L. Carstensen, "Social and Emotional Patterns in Adulthood: Support for Socioemotional Selectivity Theory," *Psychology and Aging* 7, no. 3 (1992): 331; and L. L.

Carstensen, "Evidence for a Life-Span Theory of Socioemotional Selectivity," *Current Directions in Psychological Science* 4, no. 5 (1995): 151–156.

49. A. Bhattacharjee and C. Mogilner, "Happiness from Ordinary and Extraordinary Experiences," *Journal of Consumer Research* 41, no. 1 (2013): 1–17.

50. J. L. Kurtz, "Looking to the Future to Appreciate the Present: The Benefits of Perceived Temporal Scarcity," *Psychological Science* 19, no. 12 (2008): 1238–1241; and K. Layous, J. Kurtz, J. Chancellor, and S. Lyubomirsky, "Reframing the Ordinary: Imagining Time As Scarce Increases Well-Being," *Journal of Positive Psychology* 13, no. 3 (2018): 301–308.

51. J. Quoidbach and E. W. Dunn, "Give It Up: A Strategy for Combating Hedonic Adaptation," *Social Psychological and Personality Science* 4, no. 5 (2013): 563–568.

52. Underlying data available upon request.

53. R. A. Emmons and C. M. Shelton, "Gratitude and the Science of Positive Psychology," *Handbook of Positive Psychology* 18 (2002): 459–471; and J. W. Pennebaker, "Writing About Emotional Experiences As a Therapeutic Process," *Psychological Science* 8, no. 3 (1997): 162–166.

54. M. Li and S. DeVoe, "Putting Off Balance for Later: A Temporal Construal Approach to Time Allocation" (working paper, UCLA School of Management, 2020).

55. E. T. Higgins, "Value from Regulatory Fit," *Current Directions in Psychological Science* 14, no. 4 (2005): 209–213; and J. Cesario, H. Grant, and E. T. Higgins, "Regulatory Fit and Persuasion: Transfer from 'Feeling Right,'" *Journal of Personality and Social Psychology* 86, no. 3 (2004): 388.

56. Whillans et al., "Valuing Time over Money Is Associated with Greater Happiness."

57. Adapted from D. Soman, "The Mental Accounting of Sunk Time Costs: Why Time Is Not Like Money," *Journal of Behavioral Decision Making* 14, no. 3 (2001): 169–185.
58. H. Collins and A. V. Whillans, "Accounting for Time," hbr.org, January 30, 2019, https://hbr.org/2019/01/accounting-for-time.
59. S. Moore and J. P. Shepherd, "The Cost of Fear: Shadow Pricing the Intangible Costs of Crime," *Applied Economics* 38, no. 3 (2006): 293–300; N. Powdthavee, "Putting a Price Tag on Friends, Relatives, and Neighbours: Using Surveys of Life Satisfaction to Value Social Relationships," *Journal of Socio-Economics* 37, no. 4 (2008): 1459–1480; and N. Powdthavee and B. Van Den Berg, "Putting Different Price Tags on the Same Health Condition: Re-Evaluating the Well-Being Valuation Approach," *Journal of Health Economics* 30, no. 5 (2011): 1032–1043.
60. I am basing the income increase of happiness on my prior research showing that earning $10,000 more in household income was linked to a happiness boost of about 0.5 points on a 10-point happiness scale. I observed this income increase in a nationally representative sample of employed Americans living in the United States (N=1265). I also based my data on showing that people's happiness changes by about 0.5 points on a happiness scale from an experiment showing the direct happiness increase from buying time. Both studies are reported in A. V. Whillans, E. W. Dunn, P. Smeets, R. Bekkers, and M. I. Norton, "Buying Time Promotes Happiness," *Proceedings of the National Academy of Sciences* 114, no. 32 (2017): 8523–8527, study 9.
61. I chose to make the annual income in these examples $50,000 because this amount is slightly less than the median annual household income in the United States, according to the US Census Bureau, and it is a round number. The US Census Bureau reported that the median household income was $61,372 in 2018;

https://www.census.gov/library/stories/2018/09/highest-median-household-income-on-record.html.

62. L. Giurge and A. V. Whillans, "Beyond Material Poverty: Why Time Poverty Matters for Individuals, Organisations, and Nations" (working paper, Harvard Business School, no. 20-051, 2020).
63. Study 4 of Whillans et al., "Valuing Time over Money Is Associated with Greater Happiness."
64. I. Dar-Nimrod, C. D. Rawn, D. R. Lehman, and B. Schwartz, "The Maximization Paradox: The Costs of Seeking Alternatives," *Personality and Individual Differences* 46, no. 5-6 (2009): 631–635.
65. Underlying data available upon request.
66. Whillans, "Time for Happiness: Why the Pursuit of Money Isn't Bringing You Joy—And What Will."
67. Nine out of ten consumers seek bargains when online shopping, a task that takes about thirty-two minutes: H. Leggatt, "Survey Reveals How Long Shoppers Spend Comparing Prices Online," *BizReport*, November 3, 2014, http://www.bizreport.com/2014/11/survey-reveals-how-long-shoppers-spend-comparing-prices-online.html.
68. Collins and Whillans, "Accounting for Time."
69. N. Powdthavee, "Putting a Price Tag on Friends, Relatives, and Neighbours: Using Surveys of Life Satisfaction to Value Social Relationships," *Journal of Socio-Economics* 37, no. 4 (2008): 1459–1480.

第三章

1. A. Whillans, "Exchanging Cents for Seconds: The Happiness Benefits of Choosing Time over Money" (doctoral dissertation, University of British Columbia, 2017).

2. W. Dunn, A. V. Whillans, M. I. Norton, and L. B. Aknin, "Prosocial Spending and Buying Time: Money As a Tool for Increasing Well-Being," *Advances in Experimental Social Psychology* 61 (2020): 67–126.
3. S. E. Lea and P. Webley, "Money As Tool, Money As Drug: The Biological Psychology of a Strong Incentive," *Behavioral and Brain Sciences* 29, no. 2 (2006): 161–209.
4. K. D. Vohs, "Money Priming Can Change People's Thoughts, Feelings, Motivations, and Behaviors: An Update on 10 Years of Experiments," *Journal of Experimental Psychology: General* 144, no. 4 (2015): e86.
5. R. D. Horan, E. Bulte, and J. F. Shogren, "How Trade Saved Humanity from Biological Exclusion: An Economic Theory of Neanderthal Extinction," *Journal of Economic Behavior and Organization* 58, no. 1 (2005): 1–29.
6. Lea and Webley, "Money As Tool, Money As Drug: The Biological Psychology of a Strong Incentive."
7. In 2016, the Indian government removed 500- and 1,000-rupee bank notes. This decision was designed to reduce corruption. India is a cash economy, and at the time of the change, a large percentage of transactions were in notes of 500 rupees or more; thus, somewhat understandably, citizens were upset about the restriction of their use of these bills. "India Scraps 500 and 1,000 Rupee Bank Notes Overnight," BBC, November 9, 2016, https://www.bbc.com/news/business-37906742.
8. Y. Zhou, Y. Wang, L. L. Rao, L. Q. Yang, and S. Li, "Money Talks: Neural Substrate of Modulation of Fairness by Monetary Incentives," *Frontiers in Behavioral Neuroscience* 8 (2014): 150; C. C. Wu, Y. F. Liu, Y. J. Chen, and C. J. Wang, "Consumer Responses to Price Discrimination: Discriminating Bases, Inequality Status, and Information Disclosure Timing Influences," *Journal of Business Research* 65, no. 1 (2012): 106–116; and T. Kim, T.

Zhang, and M. I. Norton, "Pettiness in Social Exchange," *Journal of Experimental Psychology: General* 148, no. 2 (2019): 361.

9. A. Gasiorowska, L. N. Chaplin, T. Zaleskiewicz, S. Wygrab, and K. D. Vohs, "Money Cues Increase Agency and Decrease Prosociality Among Children: Early Signs of Market-Mode Behaviors," *Psychological Science* 27, no. 3 (2016): 331–344. There is evidence that some of these experiments do not replicate, suggesting that there are factors that predict whether and when reminders of money shape our willingness to work versus help others. See E. M. Caruso, O. Shapira, and J. F. Landy, "Show Me the Money: A Systematic Exploration of Manipulations, Moderators, and Mechanisms of Priming Effects," *Psychological Science* 28, no. 8 (2017): 1148–1159.

10. H. E. Hershfield, C. Mogilner, and U. Barnea, "People Who Choose Time over Money Are Happier," *Social Psychological and Personality Science* 7, no. 7 (2016): 697–706.

11. T. Kasser, "Materialistic Values and Goals," *Annual Review of Psychology* 67 (2016): 489–514.

12. P. M. Gollwitzer, "Implementation Intentions: Strong Effects of Simple Plans," *American Psychologist* 54, no. 7 (1999): 493.

13. K. L. Milkman, J. Beshears, J. J. Choi, D. Laibson, and B. C. Madrian, "Using Implementation Intentions Prompts to Enhance Influenza Vaccination Rates," *Proceedings of the National Academy of Sciences* 108, no. 26 (2011): 10415–10420; K. L. Milkman, J. Beshears, J. J. Choi, D. Laibson, and B. C. Madrian, "Planning Prompts As a Means of Increasing Preventive Screening Rates," *Preventive Medicine* 56, no. 1 (2013): 92–93; D. W. Nickerson and T. Rogers, "Do You Have a Voting Plan? Implementation Intentions, Voter Turnout, and Organic Plan Making," *Psychological Science* 21, no. 2 (2010): 194–199; T. Rogers, K. L. Milkman, L. John, and M. I. Norton, "Making the

Best-Laid Plans Better: How Plan Making Increases Follow-Through," *Behavioral Science and Policy* (2013); and T. Rogers, K. L. Milkman, L. K. John, and M. I. Norton, "Beyond Good Intentions: Prompting People to Make Plans Improves Follow-Through on Important Tasks," *Behavioral Science and Policy* 1, no. 2 (2015): 33–41.

14. K. E. Lee, K. J. Williams, L. D. Sargent, N. S. Williams, and K. A. Johnson, "40-Second Green Roof Views Sustain Attention: The Role of Micro-Breaks in Attention Restoration," *Journal of Environmental Psychology* 42 (2015): 182–189; and K. A. MacLean, E. Ferrer, S. R. Aichele, D. A. Bridwell, A. P. Zanesco, T. L. Jacobs, B. G. King, et al., "Intensive Meditation Training Improves Perceptual Discrimination and Sustained Attention," *Psychological Science* 21, no. 6 (2010): 829–839.

15. N. Fitz, K. Kushlev, R. Jagannathan, T. Lewis, D. Paliwal, and D. Ariely, "Batching Smartphone Notifications Can Improve Well-Being," *Computers in Human Behavior* 101 (2019): 84–94.

16. A. V. Whillans and F. S. Chen, "Facebook Undermines the Social Belonging of First Year Students," *Personality and Individual Differences* 133 (2018): 13–16; and K. Burnell, M. J. George, J. W. Vollet, S. E. Ehrenreich, and M. K. Underwood, "Passive Social Networking Site Use and Well-Being: The Mediating Roles of Social Comparison and the Fear of Missing Out," *Cyberpsychology: Journal of Psychosocial Research on Cyberspace* 13, no. 3 (2019).

17. S. M. Schueller, "Personality Fit and Positive Interventions: Extraverted and Introverted Individuals Benefit from Different Happiness Increasing Strategies," *Psychology* 3, no. 12 (2012): 1166.

18. G. Tonietto and S. A. Malkoc, "The Calendar Mindset: Scheduling Takes the Fun Out and Puts the Work In," *Journal of Marketing Research* 53, no. 6 (2016): 922–936.

19. G. N. Tonietto, S. A. Malkoc, and S. M. Nowlis, "When an Hour Feels Shorter: Future Boundary Tasks Alter Consumption by Contracting Time," *Journal of Consumer Research* 45, no. 5 (2019): 1085–1102.
20. Ibid.
21. G. M. Sandstrom and E. W. Dunn, "Is Efficiency Overrated? Minimal Social Interactions Lead to Belonging and Positive Affect," *Social Psychological and Personality Science* 54, no. 4 (2014): 437–442.
22. M. S. Granovetter, "The Strength of Weak Ties," in *Social Networks*, ed. S. Leinhart (New York: Academic Press, 1977), 347–367; and M. Granovetter, "The Strength of Weak Ties: A Network Theory Revisited," *Sociological Theory* 1 (1983): 201–233.
23. A. L. Sellier and T. Avnet, "So, What If the Clock Strikes? Scheduling Style, Control, and Well-Being," *Journal of Personality and Social Psychology* 107, no. 5 (2014): 791.
24. T. Avnet and A. L. Sellier, "Clock Time vs. Event Time: Temporal Culture or Self-Regulation?" *Journal of Experimental Social Psychology* 47, no. 3 (2011): 665–667.
25. For a review, see A. L. Sellier and T. Avnet, "Scheduling Styles," *Current Opinion in Psychology* 26 (2019): 76–79.
26. T. Rogers and K. L. Milkman, "Reminders Through Association," *Psychological Science* 27, no. 7 (2016): 973–986.
27. C. Blank, L. M. Giurge, L. Newman, and A. Whillans, "Getting Your Team to Do More Than Meet Deadlines," hbr.org, November 15, 2019, https://hbr.org/2019/11/getting-your-team-to-do-more-than-meet-deadlines.
28. A. Thibault Landry and A. Whillans, "The Power of Workplace Rewards: Using Self-Determination Theory to Understand Why Reward Satisfaction Matters for Workers Around the World," *Compensation and Benefits Review* 50, no. 3 (2018): 123–148.

29. M. Kosfeld and S. Neckermann, "Getting More Work for Nothing? Symbolic Awards and Worker Performance," *American Economic Journal: Microeconomics* 3, no. 3 (2011): 86–99.
30. L. Shen, A. Fishbach, and C. K. Hsee, "The Motivating-Uncertainty Effect: Uncertainty Increases Resource Investment in the Process of Reward Pursuit," *Journal of Consumer Research* 41, no. 5 (2014): 1301–1315.
31. G. Grolleau, M. G. Kocher, and A. Sutan, "Cheating and Loss Aversion: Do People Cheat More to Avoid a Loss?" *Management Science* 62, no. 12 (2016): 3428–3438.
32. L. Pierce, A. Rees-Jones, and C. Blank, "The Negative Consequences of LossFramed Performance Incentives" (working paper, National Bureau of Economic Research, no. 26619, 2020).
33. For a summary of the latest technology applications that are helping people take back their time, see an article I wrote on the topic: "Our Smartphone Addiction Is Killing Us: Can Apps That Limit Screen Time Offer a Lifeline?" *Conversation*, April 30, 2019, https://theconversation.com/our-smartphone-addiction-is-killing-us-can-apps-that-limit-screen-time-offer-a-lifeline-116220.
34. M. Zhu, Y. Yang, and C. K. Hsee, "The Mere Urgency Effect," *Journal of Consumer Research* 45, no. 3 (2018): 673–690.
35. C. Blank, L. M. Giurge, L. Newman, and A. Whillans, "Getting Your Team to Do More Than Meet Deadlines," hbr.org, November 15, 2019, https://hbr.org/2019/11/getting-your-team-to-do-more-than-meet-deadlines.
36. S. E. DeVoe and J. House, "Time, Money, and Happiness: How Does Putting a Price on Time Affect Our Ability to Smell the Roses?" *Journal of Experimental Social Psychology* 48, no. 2 (2012): 466–474; J. House, S. E. DeVoe, and C. B. Zhong, "Too Impatient to Smell the Roses: Exposure to Fast Food Impedes

Happiness," *Social Psychological and Personality Science* 5, no. 5 (2014): 534–541. There is some debate about the replicability of these findings. This study failed to show that putting a financial value on time undermines leisure enjoyment: S. Connors, M. Khamitov, S. Moroz, L. Campbell, and C. Henderson, "Time, Money, and Happiness: Does Putting a Price on Time Affect Our Ability to Smell the Roses?" *Journal of Experimental Social Psychology* 67 (2016): 60–64. However, studying time–money trade-offs among online workers who are willing to give away leisure for very small amounts of money might not be ideal. See S. E. DeVoe and J. House, "Replications with MTurkers Who Are Naïve Versus Experienced with Academic Studies: A Comment on Connors, Khamitov, Moroz, Campbell, and Henderson (2015)," *Journal of Experimental Social Psychology* 100, no. 67 (2016): 65–67. For a recent review of the current state of the literature, see S. E. DeVoe, "The Psychological Consequence of Thinking About Time in Terms of Money," *Current Opinion in Psychology* 26 (2019): 103–105.

37. J. Etkin, "The Hidden Cost of Personal Quantification," *Journal of Consumer Research* 42, no. 6 (2016): 967–984.

38. L. E. Aknin, E. W. Dunn, and M. I. Norton, "Happiness Runs in a Circular Motion: Evidence for a Positive Feedback Loop Between Prosocial Spending and Happiness," *Journal of Happiness Studies* 13, no. 2 (2012): 347–355. M. A. Cohn and B. L. Fredrickson, "In Search of Durable Positive Psychology Interventions: Predictors and Consequences of Long-Term Positive Behavior Change," *Journal of Positive Psychology* 5, no. 5 (2010): 355–366. B. L. Fredrickson, "The Broaden-and-Build Theory of Positive Emotions," *Philosophical Transactions of the Royal Society of London, Series B: Biological Sciences* 359, no. 1449 (2004): 1367–1377.

39. G. Loewenstein, "Hot-Cold Empathy Gaps and Medical Decision

Making," *Health Psychology* 24, no. 4S (2005): S49. G. Loewenstein, "Emotions in Economic Theory and Economic Behavior," *American Economic Review* 90, no. 2 (2000): 426–432; and G. Loewenstein and D. Schkade, "Wouldn't It Be Nice? Predicting Future Feelings," *Well-Being: The Foundations of Hedonic Psychology* (1999): 85–105.

40. S. M. McCrea, "Self-Handicapping, Excuse Making, and Counterfactual Thinking: Consequences for Self-Esteem and Future Motivation," *Journal of Personality and Social Psychology* 95, no. 2 (2008): 274.

41. P. A. Siegel, J. Scillitoe, and R. Parks-Yancy, "Reducing the Tendency to Self-Handicap: The Effect of Self-Affirmation," *Journal of Experimental Social Psychology* 41, no. 6 (2005): 589–597.

第四章

1. A. Whillans, L. Macchia, and E. Dunn, "Valuing Time over Money Predicts Happiness after a Major Life Transition: A Preregistered Longitudinal Study of Graduating Students," *Science Advances* 5, no. 9 (2019): eaax2615.
2. K. Woolley and A. Fishbach, "The Experience Matters More Than You Think: People Value Intrinsic Incentives More Inside Than Outside an Activity," *Journal of Personality and Social Psychology* 109, no. 6 (2015): 968.
3. Whillans et al., "Valuing Time over Money Predicts Happiness after a Major Life Transition: A Preregistered Longitudinal Study of Graduating Students."
4. Woolley and Fishbach, "The Experience Matters More Than You Think: People Value Intrinsic Incentives More Inside

Than Outside an Activity"; and A. A. Scholer, D. B. Miele, K. Murayama, and K. Fujita, "New Directions in Self-Regulation: The Role of Metamotivational Beliefs," *Current Directions in Psychological Science* 27, no. 6 (2018): 437–442.

5. A. V. Whillans, R. Dwyer, J. Yoon, and A. Schweyer, "From Dollars to Sense: Placing a Monetary Value on Non-Cash Compensation Encourages Employees to Value Time over Money" (working paper, Harvard Business School, no. 18-059, 2019).

6. Whillans, Dwyer, Yoon, and Schweyer, "From Dollars to Sense."

7. Americans spend twenty-six minutes commuting each way to work. C. Ingraham, "The Astonishing Human Potential Wasted on Commutes," *Washington Post*, February 25, 2016, https://www.washingtonpost.com/news/wonk/wp/2016/02/25/how-much-of-your-life-youre-wasting-on-your-commute/.

8. The participant who is quoted was interviewed for a research project conducted by Thrive Global. The full interview is available at The Money Mix, "Is Your Commute Making You Miserable?" *Thrive Global*, July 16, 2019, https://thriveglobal.com/stories/is-your-commute-making-you-miserable/.

9. Researchers often define commutes as a place for role transition, because they are the space between home and work life. See J. Jachimowicz, J. Lee, B. R. Staats, J. Menges, and F. Gino, "Between Home and Work: Commuting as an Opportunity for Role Transitions" (working paper, Harvard Business School NOM Unit, no. 16-077, 2019).

10. L. Karsten, "Housing As a Way of Life: Towards an Understanding of MiddleClass Families' Preference for an Urban Residential Location," *Housing Studies* 22, no. 1 (2007) 83–98; and M. Van der Klis and L. Karsten, "The Commuter Family As a Geographical Adaptive Strategy for the Work–Family Balance," *Community, Work and Family* 12, no. 3 (2009): 339–354.

11. H. Jarvis, "Moving to London Time: Household Co-Ordination and the Infrastructure of Everyday Life," *Time and Society* 14, no. 1 (2005): 133–154.
12. T. Schwanen and T. De Jong, "Exploring the Juggling of Responsibilities with Space-Time Accessibility Analysis," *Urban Geography* 29, no. 6 (2008): 556–580.
13. T. Schwanen, "Managing Uncertain Arrival Times Through Socio-Material Associations," *Environment and Planning B: Planning and Design* 35, no. 6 (2008): 997–1011, https://www.vtpi.org/ihasc.pdf.
14. J. Etkin and C. Mogilner, "Does Variety Among Activities Increase Happiness?" *Journal of Consumer Research* 43, no. 2 (2016): 210–229; and K. M. Sheldon, J. Boehm, and S. Lyubomirsky, "Variety Is the Spice of Happiness: The Hedonic Adaptation Prevention Model," in *Oxford Handbook of Happiness*, ed. I. Boniwell, S. A. David, and A. C. Ayers (Oxford: Oxford University Press, 2013), 901–914.
15. L. J. Levine and M. A. Safer, "Sources of Bias in Memory for Emotions," *Current Directions in Psychological Science* 11, no. 5 (2002): 169–173; and T. D. Wilson and D. T. Gilbert, "Affective Forecasting," *Advances in Experimental Social Psychology* 35, no. 35 (2003): 345–411.
16. K. Kushlev, S. J. Heintzelman, S. Oishi, and E. Diener, "The Declining Marginal Utility of Social Time for Subjective Well-Being," *Journal of Research in Personality* 74 (2018): 124–140.
17. Kushlev, Heintzelman, Oishi, and Diener, "The Declining Marginal Utility of Social Time for Subjective Well-Being."
18. A. M. Grant and B. Schwartz, "Too Much of a Good Thing: The Challenge and Opportunity of the Inverted U," *Perspectives on Psychological Science* 6, no. 1 (2011): 61–76.
19. R. Wiseman, *The Luck Factor* (New York: Random House, 2004).

20. R. Wiseman and C. Watt, "Measuring Superstitious Belief: Why Lucky Charms Matter," *Personality and Individual Differences* 37 (2004): 1533–1541.

21. Improvisation is being taught at top business schools in the United States, because it encourages people to be open to new ideas. For a course description, see Stanford Graduate School of Business, "Humor: Serious Business," nd, https://humor-seriousbusiness.stanford.edu/.

22. M. Akinola, A. E. Martin, and K. W. Phillips, "To Delegate or Not to Delegate: Gender Differences in Affective Associations and Behavioral Responses to Delegation," *Academy of Management Journal* 61, no. 4 (2018): 1467–1491; and L. Anik and M. I. Norton, "Matchmaking Promotes Happiness," *Social Psychological and Personality Science* 5, no. 6 (2014): 644–652.

23. E. W. Dunn, L. B. Aknin, and M. I. Norton, "Prosocial Spending and Happiness: Using Money to Benefit Others Pays Off," *Current Directions in Psychological Science* 23, no. 1 (2014): 41–47; and L. B. Aknin, A. V. Whillans, M. I. Norton, and E. W. Dunn, "Happiness and Prosocial Behavior: An Evaluation of the Evidence," *World Happiness Report* (2019).

24. G. Donnelly, A. V. Whillans, A. Wilson, and M. I. Norton, "Communicating Resource Scarcity" (working paper, Harvard Business School, no. 19-066, 2019).

25. J. Yoon, G. Donnelly, and A. V. Whillans, "It Doesn't Hurt to Ask (For More Time): Employees Often Overestimate the Interpersonal Costs of Extension Requests" (working paper, Harvard Business School, no. 19-064, 2019).

26. C. Fritz and S. Sonnentag, "Recovery, Well-Being, and Performance-Related Outcomes: The Role of Workload and Vacation Experiences," *Journal of Applied Psychology* 91, no. 4 (2006): 936.

27. S. Sonnentag, "Burnout Research: Adding an Off-Work and Day-

Level Perspective," *Work and Stress* 19, no. 3, 2 (2005): 271–275; C. Fritz, S. Sonnentag, P. E. Spector, and J. A. McInroe, "The Weekend Matters: Relationships Between Stress Recovery and Affective Experiences," *Journal of Organizational Behavior* 31, no. 8 (2010): 1137–1162; and C. S. Dewa, D. Loong, S. Bonato, N. X. Thanh, and P. Jacobs, "How Does Burnout Affect Physician Productivity? A Systematic Literature Review," *BMC Health Services Research* 14, no. 1 (2014): 325.

28. For a review of the literature showing that employees should ask for more money and ways to go about it, see D. M. Kolb and J. L. Porter, *Negotiating at Work: Turn Small Wins into Big Gains* (New York: John Wiley & Sons, 2015); and D. Malhotra, "15 Rules for Negotiating a Job Offer," *Harvard Business Review*, April 2014.

29. M. T. Jensen, "Exploring Business Travel with Work–Family Conflict and the Emotional Exhaustion Component of Burnout As Outcome Variables: The Job Demands–Resources Perspective," *European Journal of Work and Organizational Psychology* 23, no. 4 (2014): 497–510.

30. M. Westman and D. Etzion, "The Impact of Short Overseas Business Trips on Job Stress and Burnout," *Applied Psychology* 51, no. 4 (2002): 582–592.

31. A. V. Whillans, A. C. Weidman, and E. W. Dunn, "Valuing Time over Money Is Associated with Greater Happiness," *Social Psychological and Personality Science* 7, no. 3 (2016): 213–222.

32. M. Wittmann and S. Lehnhoff, "Age Effects in Perception of Time," *Psychological Reports* 97, no. 3 (2005): 921–935.

33. M. Wittmann and M. P. Paulus, "Temporal Horizons in Decision Making," *Journal of Neuroscience, Psychology, and Economics* 2, no. 1 (2009): 1; and S. M. Janssen, M. Naka, and W. J. Friedman, "Why Does Life Appear to Speed Up As People Get Older?" *Time and Society* 22, no. 2 (2013): 274–290.

第五章

1. L. Giurge and A. V. Whillans, "Beyond Material Poverty: Why Time Poverty Matters for Individuals, Organisations, and Nations" (working paper, Harvard Business School, no. 20-051, 2020).
2. The best estimates of how much time paperwork burdens waste for US workers comes in at nearly $10 billion per year. C. R. Sunstein, "Sludge and Ordeals," *Duke Law Journal* 68 (2019): 1843.
3. The US Office of Information and Regulatory Affairs (OIRA)—the agency that oversees the implementation of government regulations—estimated that the paperwork burdens had grown to nearly 12 billion hours: https://www.reginfo.gov/public/do/PRAReport?operation=11.
4. A. Finkelstein and M. J. Notowidigdo, "Take-Up and Targeting: Experimental Evidence from SNAP," *Quarterly Journal of Economics* 134, no. 3 (2019): 1505–1556.
5. V. Alatas, R. Purnamasari, M. Wai-Poi, A. Banerjee, B. A. Olken, and R. Hanna, "Self-Targeting: Evidence from a Field Experiment in Indonesia," *Journal of Political Economy* 124, no. 2 (2016): 371–427.
6. A. Brodsky and T. M. Amabile, "The Downside of Downtime: The Prevalence and Work Pacing Consequences of Idle Time at Work," *Journal of Applied Psychology* 103, no. 5 (2018): 496.
7. D. U. Himmelstein et al., "A Comparison of Hospital Administrative Costs in Eight Nations: US Costs Exceed All Others by Far," *Health Affairs* 33, no. 9 (2014): 1586–1594.
8. Executives and business professionals spend an average of twenty-three hours a week (trapped) in meetings—up from ten hours a week in the 1960s. See S. G. Rogelberg, C. Scott, and J. Kello, "The Science and Fiction of Meetings," *MIT Sloan Management Review* 48, no. 2 (2007): 18–21; and S. G. Rogelberg, L. R. Shanock, and C.

W. Scott, "Wasted Time and Money in Meetings: Increasing Return on Investment," *Small Group Research* 43, no. 2 (2012): 236–245.

9. M. E. Porter and N. Nohria, "How CEOs Manage Time," *Harvard Business Review*, July–August 2018.

10. J. Yoon, A. V. Whillans, and E. O'Brien, "Superordinate Framing Increases Task Motivation" (working paper, Harvard Business School, 2019), study 1.

11. J. Pfeffer and D. R. Carney, "The Economic Evaluation of Time Can Cause Stress," *Academy of Management Discoveries* 4, no. 1 (2018): 74–93.

12. J. Hur, A. Lee-Yoon, and A. V. Whillans, "Who Is More Useful? The Impact of Performance Incentives on Work and Personal Relationships" (working paper, Harvard Business School, 2018).

13. J. Pfeffer and S. E. DeVoe, "The Economic Evaluation of Time: Organizational Causes and Individual Consequences," *Research in Organizational Behavior* 32 (2012): 47–62.

14. For reviews, see S. E. DeVoe, "The Psychological Consequence of Thinking About Time in Terms of Money," *Current Opinion in Psychology* 26 (2019): 103–105; A. Li, K. Rong, J. Gao, F. Tan, and Y. Peng, "'Putting a Price on Time': Conception, Consequences and Its Psychological Mechanism," *Advances in Psychological Science* 23, no. 10 (2015): 1679–1687; and A. Lee-Yoon and A. V. Whillans, "Making Seconds Count: When Valuing Time Promotes Subjective Well-Being," *Current Opinion in Psychology* 26 (2019): 54–57.

15. About one in four employees in the United States receives no paid vacation. The United States is the only country in which the government doesn't guarantee that its workers receive paid vacation time. This is according to research conducted by the Center for Economic and Policy Research. The full report is available at http://cepr.net/documents/publications/nvn-summary.pdf.

16. C. Fritz and S. Sonnentag, "Recovery, Well-Being, and Performance-

Related Outcomes: The Role of Workload and Vacation Experiences," *Journal of Applied Psychology* 91, no. 4 (2006): 936; and J. de Bloom, S. Ritter, J. Kühnel, J. Reinders, and S. Geurts, "Vacation from Work: A 'Ticket to Creativity'?: The Effects of Recreational Travel on Cognitive Flexibility and Originality," *Tourism Management* 44 (2014): 164–171.

17. C. West, C. Mogilner, and S. E. DeVoe, "Taking Vacation Increases Meaning at Work," proceedings of ACR 2017, *Advances in Consumer Research* 45 (2017): 63–67.

18. J. De Bloom, M. Kompier, S. Geurts, C. de Weerth, T. Taris, and S. Sonnentag, "Do We Recover from Vacation? Meta-Analysis of Vacation Effects on Health and Well-Being," *Journal of Occupational Health* 51 (2008): 13–25.

19. J. Kühnel, S. Sonnentag, and M. Westman, "Does Work Engagement Increase after a Short Respite? The Role of Job Involvement As a Double-Edged Sword," *Journal of Occupational and Organizational Psychology* 82, no. 3 (2009): 575–594.

20. J. Kühnel and S. Sonnentag, "How Long Do You Benefit from Vacation? A Closer Look at the Fade-Out of Vacation Effects," *Journal of Organizational Behavior* 32, no. 1 (2011): 125–143; and J. De Bloom, S. A. Geurts, T. W. Taris, S. Sonnentag, C. de Weerth, and M. A. Kompier, "Effects of Vacation from Work on Health and Well-Being: Lots of Fun, Quickly Gone," *Work and Stress* 24, no. 2 (2010): 196–216.

21. J. McCarthy, "Taking Regular Vacations Can Help Boost Americans' Well-Being," Gallup, December 30, 2014, https://news.gallup.com/poll/180335/taking-regular-vacations-may-help-boost-americans.aspx.

22. S. Sonnentag, "The Recovery Paradox: Portraying the Complex Interplay Between Job Stressors, Lack of Recovery, and Poor Well-Being," *Research in Organizational Behavior* 38 (2018): 169–185.

23. H. Collins and A. V. Whillans, "Accounting for Time," hbr.org, January 30, 2019, https://hbr.org/2019/01/accounting-for-time.
24. Of those that were unused, 236 million vacation days were forfeited completely, resulting in an estimated $70 billion in lost benefits. See the following reports: U.S. Travel Association, "Paid Time Off Trends in the U.S.," nd, https://www.ustravel.org/sites/default/files/media_root/document/Paid%20Time%20Off%20Trends%20Fact%20 Sheet.pdf; and U.S. Travel Association, "More Time Off, Less Time Used," nd, https:// www.ustravel.org/sites/default/files/media_root/document/NPVD19_FactSheet.pdf.
25. The cost of all cars bought in the United States in 2019 is $462 billion, per a recent estimate by JD Power: "US Auto Sales Down in 2019 but Still Top 17 Million for Fifth Consecutive Year," CNBC, January 6, 2020, https://www.cnbc.com/2020/01/06/us-auto-sales-down-in-2019-but-still-top-17-million.html.
26. In one survey of more than 2,000 US adults who were in full-time jobs, 70 percent said that even when they took a vacation they didn't disconnect from work. See B. Heitmann, "Your Workplace Guide to Summer Vacation," blog post, July 11, 2018, https:// blog.linkedin.com/2018/july/11/your-workplace-guide-to-summer-vacation.
27. N. Pasricha and S. Nigam, "What One Company Learned from Forcing Employees to Use Their Vacation Time," hbr.org, August 11, 2017, https://hbr.org/2017/08/what-one-company-learned-from-forcing-employees-to-use-their-vacation-time.
28. D. Kim, "Does Paid Vacation Leave Protect Against Depression Among Working Americans? A National Longitudinal Fixed Effects Analysis," *Scandinavian Journal of Work, Environment and Health* 45, no. 1 (2018): 22–32.
29. A. V. Whillans, E. W. Dunn, and M. I. Norton, "Overcoming Barriers

to TimeSaving: Reminders of Future Busyness Encourage Consumers to Buy Time," *Social Influence* 13, no. 2 (2018): 117–124.

30. M. Fassiotto, C. Simard, C. Sandborg, H. Valantine, and J. Raymond, "An Integrated Career Coaching and Time-Banking System Promoting Flexibility, Wellness, and Success: A Pilot Program at Stanford University School of Medicine," *Academic Medicine: Journal of the Association of American Medical Colleges* 93, no. 6 (2018): 881–887.

31. Physicians' quotations from H. MacCormick, "Stanford's 'Time Banking' Program Helps Emergency Room Physicians Avoid Burnout," *Scope*, August 21, 2015, https:// scopeblog.stanford.edu/2015/08/21/stanfords-time-banking-program-helps-emergency-room-physicians-avoid-burnout/; and B. Schulte, "Time in the Bank: A Stanford Plan to Save Doctors from Burnout," August 20, 2015, https://www.washingtonpost.com/news/inspired-life/wp/2015/08/20/the-innovative-stanford-program-thats-saving-emergency-room-doctors-from-burnout/.

32. A. V. Whillans, R. Dwyer, J. Yoon, and A. Schweyer, "From Dollars to Sense: Placing a Monetary Value on Non-Cash Compensation Encourages Employees to Value Time over Money" (working paper, Harvard Business School, no. 18-059, 2019).

33. F. Gino, C. A. Wilmuth, and A. W. Brooks, "Compared to Men, Women View Professional Advancement As Equally Attainable, but Less Desirable," *Proceedings of the National Academy of Sciences* 112, no. 40 (2015): 12354–12359.

34. J. Yoon, G. Donnelly, and A. V. Whillans, "It Doesn't Hurt to Ask (For More Time): Employees Often Overestimate the Interpersonal Costs of Extension Requests" (working paper, Harvard Business School, no. 19-064, 2019).

35. People who take all of their paid vacations are more likely to be promoted. See "Time Off and Vacation Usage," U.S. Travel

Association, nd, https://www.ustravel.org/toolkit/time-and-vacation-usage. This research is summarized in S. Achor, "Are the People Who Take Vacations the Ones Who Get Promoted?" hbr.org, June 12, 2015, https://hbr.org/2015/06/are-the-people-who-take-vacations-the-ones-who-get-promoted.

36. P. Choudhury, C. Foroughi, and B. Larson, "Work-from-Anywhere: The Productivity Effects of Geographic Flexibility" (working paper, Harvard Business School, Technology and Operations Mgt. Unit, no. 19–054, 2019).

37. I. Hirway, *Mainstreaming Unpaid Work: Time-Use Data in Developing Policies* (Oxford: Oxford University Press, 2017).

38. For more detail on how US policies shape decisions about childcare and disproportionately burden women, see Brigid Schulte's research—for example, "New America Care Report Finds Child Care Doesn't Work for Anyone," blog post, January 23, 2017, http://www.brigidschulte.com/2017/new-america-care-report-finds-child-care-doesnt-work-for-anyone/.

39. Data on time spent on medical paperwork are summarized in M. Sanger-Katz, "Hate Paperwork? Medicaid Recipients Will Be Drowning in It," *New York Times*, Janu- ary 18, 2018.

40. Sunstein, "Sludge and Ordeals."

41. A. V. Whillans and C. West, "Alleviating Time Poverty Among the Working Poor" (working paper, Harvard Business School, 2020), https://www.aeaweb.org/conference/2020/preliminary/paper/3rf3SEb2.

42. M. Gates, "Time Poverty: The Gender Gap No One's Talking About," video, February 22, 2016, https://www.youtube.com/watch?v=y7SLIYh3MGw.

43. R. A. Easterlin, "Does Economic Growth Improve the Human Lot? Some Empirical Evidence," in *Nations and Households in Economic Growth: Essays in Honour of Moses Abramovitz*, ed. P. A. David

and M. W. Reder (New York: Academic Press, 1974); R. Costanza, M. Hart, J. Talberth, and S. Posner, "Beyond GDP: The Need for New Measures of Progress," *Pardee Papers*, no. 4 (2009); E. Diener, S. Oishi, and R. E. Lucas, "National Accounts of Subjective Well-Being," *American Psychologist* 70, no. 3 (2015): 234; and J. F. Helliwell, "Well-Being, Social Capital and Public Policy: What's New?" *Economic Journal* 116, no. 510 (2006): C34–C45.

44. L. Macchia and A. V. Whillans, "Leisure Beliefs and the Subjective Well-Being of Nations," *Journal of Positive Psychology* (2019), doi/full/10.1080/17439760.2019.168941.

45. Macchia and Whillans, "Leisure Beliefs and the Subjective Well-Being of Nations."

46. S. Lee, W. J. Guo, A. Tsang, A. D. Mak, J. Wu, K. L. Ng, and K. Kwok, "Evidence for the 2008 Economic Crisis Exacerbating Depression in Hong Kong," *Journal of Affective Disorders* 126, no. 1-2 (2010): 125–133.

47. Macchia and Whillans, "Leisure Beliefs and the Subjective Well-Being of Na- tions."

48. Ibid.

49. L. Alderman, "In Sweden, Experiment Turns Shorter Workdays into Bigger Gains," *New York Times*, May 20, 2016.

50. See https://www.empowerbus.com/.

51. Research showing that Americans lost an average of 97 hours a year due to congestion—which cost them nearly $87 billion in 2018, or an average of $1,348 per driver—is attributable to a calculation from INRIX, a mobility analytics firm. It arrived at this number by analyzing 500 terabytes of data from 300 million sources that covered more than 5 million miles of road. The data underlying this report involves the con- gested or uncongested status of every segment of road for every minute of the day (that relies on INRIX-based traffic services). For more information,

see "INRIX: Congestion Costs Each American 97 Hours, $1348 a Year," INRIX, press release, February 11, 2019, https://inrix.com/press-releases/scorecard-2018-us/.
52. A. Smith, "Shared, Collaborative and on Demand: The New Digital Economy," Pew Research Center, press release, March 19, 2016.
53. A. S. Kristal and A. V. Whillans, "What We Can Learn from Five Naturalistic Field Experiments That Failed to Shift Commuter Behaviour," *Nature Human Behaviour* 4 (2020): 169–176.
54. Quotations in K. Clayton, "Be an Elegant Simplifier," *Behavioral Scientist*, February 7, 2019, https://behavioralscientist.org/be-an-elegant-simplifier/.
55. A. H. Petersen, "How Millennials Became the Burnout Generation," *BuzzFeed News*, January 5, 2019, https://www.buzzfeednews.com/article/annehelenpetersen/mille nnials-burnout-generation-debt-work.

结 语

1. Robert H. Frank, *Under the Influence: Putting Peer Pressure to Work* (Princeton, NJ: Princeton University Press, 2020).

马上扫二维码,关注"熊猫君"

和千万读者一起成长吧!